La madre de los más pobres

TERESA DE CALCUTA

María Fernández de Córdova

biografía joven

Casals

Director de la colección: Miguel Álvarez

De este libro existe una FICHA PEDAGÓGICA.

Caspe, 79 – 08013 Barcelona
Tel. 93 244 95 50. Fax 93 265 68 95
www.editorialcasals.com

Fotografías Kobal, Oronoz y Zardoya.
Diseño de cubierta: Bassa & Trias con una foto de Zardoya

Quinta edición: septiembre de 2007
ISBN: 978-84-218-2072-8
Depósito legal: M-39122-2007
Printed in Spain
Imprime: Edigrafos, S. A. Getafe (Madrid)

A la Madre Teresa, que me permitió vivir una de las experiencias más inolvidables de mi vida.

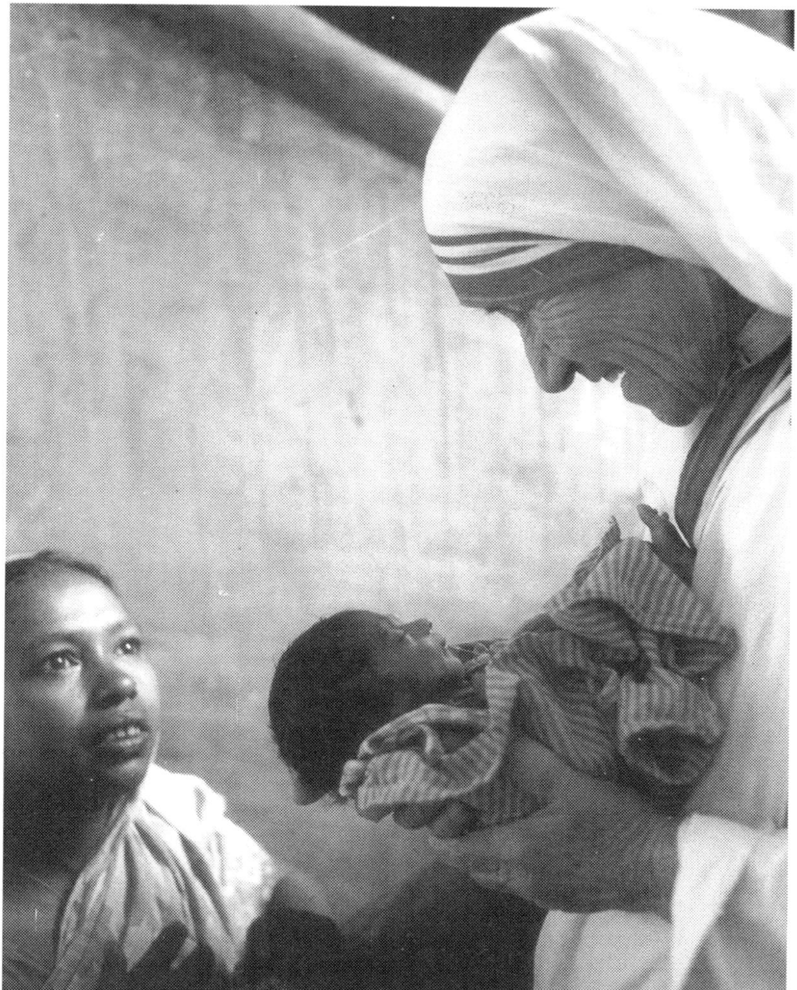

Prólogo

Llegué a Calcuta el 26 de octubre de 1994. Aterricé en el tortuoso aeropuerto de la ciudad, después de un dificultoso viaje en el que había empleado más de 48 horas. Una serie de imprevistos, como una amenaza de bomba, los concienzudos registros a los que me sometió la policía india, una desesperante sucesión de retrasos aéreos, el extravío de parte de mi equipaje, se encargaron de ello. Sin embargo, por fin, allí estaba, en el corazón de la región de Bengala, al nordeste de un país con más de tres millones de kilómetros cuadrados, dispuesta a sumergirme de lleno en el voluntariado que trabaja en las casas de las Misioneras de la Caridad.

Era media noche. Tomé un taxi, y desde ese destartalado vehículo me enfrenté con uno de los espectáculos más desoladores que he visto en mi vida. A medida que el coche se adentraba por las oscuras y pestilentes callejas de la urbe bengalí, se iba perfilando frente a mí aquella imagen que más tarde llegaría a convertirse en algo cotidiano para mis ojos.

A ambos lados de la calle, cientos de personas se apiñaban unas encima de otras, tumbadas en las aceras sin más abrigo que un pedazo de tela mugrienta, agazapadas bajo las ruedas de un carro, temblorosas en torno a la débil llama de una hoguera... Jamás podré olvidar aquella esperpéntica imagen, la mirada de aquellos seres humanos, carentes hasta de un lugar donde guarecerse al llegar la noche. Y una pegunta me martilleaba insistentemente: ¿Qué hacía yo allí?

Aquella noche no pude dormir. Por eso, apenas escuché la llamada a la oración desde las mezquitas cercanas, me levanté con el único deseo de encaminarme, cuanto antes, hacia la casa central de las Misioneras de la Caridad. Tenía la seguridad absoluta de que ellas tendrían la respuesta adecuada a mi pregunta. Y así fue. Allí vi, por primera vez, a la Madre Teresa de Calcuta. Cuando entré en la inmensa capilla de la casa central, enseguida descubrí su silueta entre la de las demás. Guardo aquella primera impresión como un precioso recuerdo. La Madre Teresa se había levantado a las 4:30 de la madrugada y rezaba envuelta en una ensordecedora multitud de ruidos que llegaban, desde la calle, por las ventanas abiertas de la estancia. Sentada en el suelo frente al altar, la "diosa de la India" escondía su rostro entre las manos. Parecía ajena a todo lo que la rodeaba. Me senté junto a ella y permanecí así cerca de una hora.

En los días que siguieron, tuve la oportunidad de hablar con ella en varias ocasiones. Además, y sobre todo, tuve la oportunidad de conocer a fondo el trabajo que desarrolla su fundación en Calcuta, junto a los más pobres de los pobres. Muchas personas me han preguntado: ¿Qué es lo que más te impactó de la Madre Teresa?, ¿qué recuerdos traes de Calcuta? Y eso es, en definitiva, lo que he tratado de reflejar en este libro. Quiero así manifestar mi más profundo agradecimiento a aquella pequeña monja albanesa que, con su inmensa sencillez, apenas me dio opción a presentarme. En su lugar, la Madre Teresa me acogió con un enorme y cálido abrazo. Después, horas y horas de duro trabajo, de actitudes y palabras que constituyen un precioso botín de detalles minúsculos, son los que, junto a la Madre Teresa, me enseñaron a vivir el hondo y silencioso sentido de las cosas y, en medio del sufrimiento, a descubrir un nuevo género de ternura. Por todo ello, gracias.

1
En un rincón de Albania

Amanecía el 26 de agosto de 1910, cuando Nikollë Boyaxhiu oyó el llanto de un bebé en la habitación contigua. De un vuelco, su corazón comenzó a latir más deprisa. Una inmensa sonrisa se trazó en su rostro cuando el doctor apareció en el umbral de la puerta para decir las cinco palabras más bonitas que había escuchado en su vida:

–¡Es una niña sana! ¡Enhorabuena!

–¡Una pequeña!... ¿Puedo entrar a verla?... ¿Cómo está mi mujer?

–Todo ha salido estupendamente, señor Boyaxhiu —le explicó el doctor Havel con voz pausada—. Su esposa está cansada y debe reposar pero, ¡vamos hombre!, pase a ver a su hija.

Allí estaba la recién nacida, arropada entre los brazos de su madre, tan pequeña que apenas lograba uno distinguirla entre las blancas sábanas de la cama.

–¿Eres feliz? —preguntó Nikollë a su esposa mientras tomaba las diminutas manitas de su hija entre las suyas.

–Sí, muy feliz —contestó ella, y añadió—: Se llamará Agnes, ¿verdad?

–Sí, Drana: Agnes Boyaxhiu será su nombre.

Así fue de sencillo. Un caluroso día del mes de agosto, cuando en la ciudad albana de Skopje no se oía más que el frenético cantar de las chicharras y el gorgoteo del río Vardar, vino al mundo la pequeña Agnes Boyaxhiu. El mismo día en que las campanas de la iglesia del Sagrado Corazón de Jesús, el único templo católico de la ciudad, tocaban en honor de San Ceferino.

Agnes es la cuarta hija del joven matrimonio Boyaxhiu. Nikollë y Drana habían tenido cinco hijos. Los dos mayores murieron a los pocos días de nacer dejando un doloroso recuerdo en la familia. Los tres pequeños —Aga y Lazar, nacidos en 1905 y 1907 respectivamente, y la pequeña Agnes— pasarán así a ser todos los hijos del matrimonio.

–La bautizaremos mañana, igual que a los demás —anunció Nikollë a su mujer.

Por un momento, el matrimonio quedó en silencio, quizá recordando las graves enfermedades que se habían cobrado ya la vida de dos de sus hijos.

–¿Se nos irá también Agnes? —preguntó Drana.

–No, Agnes vivirá. Ya lo verás.

La ceremonia se celebró al día siguiente de su nacimiento: el 27 de agosto. Ese luminoso día, la Iglesia abrió sus brazos para acoger a la que, años más tarde, se convertiría en uno de sus mayores testigos ante el mundo: la Madre Teresa de Calcuta.

2
La familia Boyaxhiu

Nikollë Boyaxhiu, el padre de Agnes, era de origen croata. Un hombre lleno de energía e iniciativa que se ganaba la vida trabajando en una empresa de materiales de construcción. La había fundado él mismo con la colaboración de un socio de origen italiano. Era un padre cariñoso, los continuos viajes al extranjero no le impedían dedicar lo mejor de su tiempo a la familia. Siempre buscaba el momento de volver junto a su esposa y sus tres hijos, a los que quería con toda el alma.[1]

Agnes, que por entonces tenía ya siete años, esperaba con ansiedad esos días en que Nikollë volvía de algún país lejano. Entonces, una de sus costumbres preferidas era sentarse en sus rodillas y escuchar las hermosas historias que contaba. Le acosaba a preguntas:

–¿Dónde has estado, papá?

---

1. Lush Gjergji, *Mother Theresa* (Editrice Velar, 1990)

–¡Ah!, tendrás que adivinarlo... Veamos... ¡Te daré alguna pista! Es un país donde... se habla francés. A ver, ¿lo sabes ya?

–¡Francia! —exclama Agnes.

–¡Sí, sí, Francia! —grita Lazar lleno de emoción.

–¡Qué barbaridad!, qué pronto lo has adivinado.

–Cuéntanos cosas de Francia, papá —suplica Agnes.

–Sí, cuéntanos cosas... —pide Lazar apoyando la petición de su hermana.

–Está bien, está bien.

Nikollë Boyaxhiu, el padre de Agnes.

Y entonces, les hablaba de París, con sus calles siempre iluminadas; de Guatemala, con sus colores y tradiciones; de la comida italiana; de Nueva York, tan cosmopolita... Todas, ciudades muy distintas a Skopje.

Y así pasaban las horas Aga, Lazar y Agnes, escuchando absortos las hermosas narraciones. En ocasiones, Nikollë no podía evitar que sus palabras traslucieran el profundo amor que sentía hacia su patria: Albania. La veneraba como pocas personas en Skopje. Se interesaba por todo lo que ocurría y, como ciudadano, trataba de comprometerse con los problemas sociales de su país. Esta admirable actitud acabará catapultándole, irremediablemente, al escenario político.

Y lo hizo en un momento en que el ánimo de los albaneses había sido peligrosamente alterado. Recién conquistada la independencia de Skopje del dominio turco en 1912, lo que había convertido a la ciudad en la capital de la república albanesa de Macedonia, el país no había logrado alcanzar la paz. Después, la Primera Guerra Mundial había convertido a Albania en un inmenso campo de batalla. Este hecho fue el que impulsó a Nikollë a militar en el partido nacionalista albanés, que luchaba por la independencia de su país de toda dominación extranjera.

Nikollë pronto fue elegido concejal del Ayuntamiento de Skopje. Esta circunstancia hizo que su hogar estuviera siempre lleno de correligionarios políticos. Agnes un día se interesó por este ir y venir de personas.

–Papá, ¿quiénes son esos hombres que vienen a casa? —le preguntó.

–Son algunas de las personas con las que yo trabajo en el Ayuntamiento. Son buenas personas..., patriotas...

–Y ¿por qué son buenas personas? Yo no veo que hagan nada bueno. Mamá sí que es buena porque cuida de los enfermos.

–Sí hija, lo que ocurre es que ellos hacen cosas buenas de otra manera. Ellos son los encargados de hacer que las leyes no sean injustas, que en nuestro país no haya guerras, o que no existan familias que tengan que vivir en la pobreza... ¿Lo entiendes?

–Creo que sí. Entonces, ¿tú haces cosas buenas como ellos?

–Así es. Yo, como tú, Agnes, soy hijo de la Iglesia católica y quiero ser coherente con mi fe cristiana, por eso debo ayudar a todos los albaneses a que vivan en un país libre y en paz.

Agnes recordará siempre la valentía de su padre y no olvidará nunca una importante lección: por un gran ideal, vale la pena empeñar la vida.

La pequeña de los Boyaxhiu también encontró en su madre un ejemplo digno de ser imitado. Ella será precisamente quien la acerque, por primera vez, al mundo de la pobreza y del sufrimiento.

Drana Bernai, de origen véneto, era una mujer con temple de acero. Profundamente enamorada de su marido, sabía compaginar el trabajo del hogar con la dedicación a su esposo y a sus hijos. La educación de sus hijos era una de sus principales preocupaciones y, en este sentido, era de la opinión que las cosas se aprenden mejor con el ejemplo que de palabra.[2]

Además, tenía un profundo sentido religioso. Drana hizo todo lo que estaba a su alcance para conseguir que sus hijos creciesen en el amor a los demás y a Jesús. Con ella aprendió Agnes a rezar las primeras oraciones antes de dormir. También preparó a sus hijos para hacer la primera comunión.

Drana esperaba con ilusión que sus hijos regresaran del colegio cada día.

–¿Cómo te ha ido hoy, Agnes?

–Bien, mamá. Esta tarde tengo que estudiar mucho.

–¿Necesitas que te ayude?

–No... —¿Cómo le iba a explicar que no se había acordado de la tabla del cinco? ¡Si estuvieron juntas estudiándola el día anterior!

–¿Cómo te fue con las matemáticas? —pregunta Drana mientras termina de pelar distraídamente una patata.

Agnes siente vergüenza de contestar con la verdad y dice:

–Bien...

De camino hacia su habitación, la pequeña recuerda que su madre le ha enseñado a decir siempre la verdad. En broma, Drana sostiene que cuando

---

2. Lush Gjergji, *Mother Theresa* (Editrice Velar, 1990).

alguien dice una mentira su lengua se vuelve negra como el carbón. Agnes corre hacia un espejo para comprobarlo. Y, efectivamente, la imaginación le hace creer que su lengua está más oscura que de costumbre. Le falta tiempo entonces para volver junto a su madre a poner las cosas en su sitio:

–Mamá, ¿me ayudas a estudiar la tabla del cinco? Hoy me la preguntó la maestra y no he sabido contestarle...

–Claro hija, en cuanto termine con esto. ¿No te la has sabido? ¡Hasta en eso te pareces a mí! ¡Jamás he memorizado bien las tablas de multiplicar!... Estudiaremos juntas —Agnes, por fin, respira tranquila.

De Drana aprendieron sus hijos a mostrar siempre una actitud humilde y cordial. La familia Boyaxhiu vivía holgadamente, pero eso no fue un obstáculo para que el matrimonio inculcara en sus hijos el amor hacia los pobres y la generosidad. Por ejemplo, era muy corriente que tuvieran invitados a comer. Cualquiera que lo necesitaba encontraba su casa abierta de par en par. Los niños, extrañados ante la cantidad de personas que se sentaban a su mesa, preguntaban a la madre por la relación con aquellas personas.

–Mamá —pregunta Agnes—, ¿la mujer que vino a comer ayer es de nuestra familia?

Drana suele responder siempre con la misma afirmación que, desde entonces, quedará grabada para siempre en la memoria de Agnes:

–Sí, hija, se trata de un pariente lejano. Pero

recuerda que, aún en el caso de que no lo fuera, por ser pobre, sería también hermano nuestro.

Cuando Agnes creció y se hizo mayor, comprendió que se trataba de pobres y desposeídos, a quienes su madre daba de comer. Y no eran los únicos. Por ejemplo, también atendía a una anciana, de sesenta años, abandonada por su hijo. Drana iba por lo menos una vez a la semana a llevarle comida y a arreglarle la casa, acompañada muchas veces por Agnes. O a una señora alcohólica y cubierta de llagas. Drana la lavaba y curaba dos veces al día, le daba de comer y la cuidaba como si se tratase de una niña. Y un ejemplo más: una madre de seis hijos, muy delicada de salud. Al fallecer, sus hijos crecieron junto a la familia Boyaxhiu como si lo llevaran haciendo toda la vida.

Agnes nunca olvidará aquel consejo de sus padres: "Hija mía, nunca aceptes llevarte a la boca un trozo de pan, sin estar dispuesta a compartirlo con los demás".

3
La muerte de Nikollë

¿Cómo era Agnes? A veces, uno tiende a pensar que los santos son personas excepcionales, que desde pequeños dieron muestras de ser especiales. Sin embargo, Agnes era una niña tan normal que podía pasar desapercibida. Iba a la escuela, como todos los niños en Skopje, le gustaba jugar con sus hermanos y era, como la mayoría de sus amigos, una niña feliz.

Físicamente, se parecía, sobre todo, a su madre. Era una niña menuda, de cabellos rubios y ondulados. No era guapa en el sentido estricto de la palabra, pero sus ojos claros y su mirada serena daban a su rostro una atractiva personalidad. No era una niña de muchas palabras, más bien era tímida; sin embargo, tenía buenos amigos por los que hubiera sido capaz de dar la vida si hubiera sido necesario. Junto a ellos pasará gran parte de su niñez.

Hay un hecho en la vida de Agnes y en la de sus hermanos que marcará definitivamente la historia de la familia Boyaxhiu: la muerte de Nikollë. Agnes sólo tiene nueve años cuando pasa a convertirse en uno de los mayores apoyos de su madre.

Una noche de 1919, Nikollë Boyaxhiu se encuentra fuera de casa, en la sobremesa de una animada cena con sus correligionarios políticos.

–¡Sírvenos un poco más de vino! Brindemos una vez más por el futuro de nuestro país. Albania lo merece... —sugiere uno de los comensales— ¡Acerca tu copa, Nikollë!... ¿No estarás pensando en marcharte tan pronto? —añade al comprobar cómo su compañero hace ademán de incorporarse.

–Lo siento, amigos, no me encuentro bien. Quizá hayamos comido demasiado. Perdonadme —contesta mientras dobla pausadamente su servilleta—. Saldré a la calle un momento. Siento fuertes dolores en el estómago. Quizá un poco de aire fresco me vaya bien —añade mientras se encamina hacia la puerta.

–Ciertamente no tienes buen color, compañero.

Pero Nikollë no logra dar más que unos pasos. A pocos metros pierde el conocimiento y cae pesadamente en el suelo del local. Se hace el silencio en la estancia por unos segundos.

–¡Nikollë, muchacho!, ¿qué te ocurre? —exclama uno de los hombres mientras corre a su lado para ayudarle— ¿Hay algún médico aquí? ¡Llamad a un médico, pronto!

Nikollë tiene que ser ingresado de urgencias en el hospital. Entra en el quirófano mientras, fuera, Drana y dos de sus hijos esperan impacientes la salida del médico. Junto a ellos están varios amigos de su marido. Nadie habla. Corren los segundos, los minutos, las horas. Son casi las seis de la tarde cuando conocen lo inesperado. Drana apenas puede mantenerse en pie cuando escucha la noticia:

–Su marido ha fallecido, señora Boyaxhiu. Tenemos terribles sospechas de que Nikollë ha sido envenenado. No hemos podido hacer nada.

Durante varios días la casa de los Boyaxhiu es un permanente entrar y salir de personas. Son amigos de la familia. Nikollë era, por encima de todo, un hombre querido en Skopje. Sus compañeros traen palabras de consuelo, de apoyo. Las mujeres se acercan hasta allí para echar una mano en lo que sea necesario. Una trae un poco de caldo caliente para los niños, otra se presenta con un ramo de flores silvestres que abandona junto al sillón donde solía sentarse Nikollë. Todos ofrecen un poco de cariño a la familia Boyaxhiu.

Sin embargo, el trágico acontecimiento no ha logrado minar la esperanza de Drana, que va a convertirse en un admirable ejemplo de fortaleza para sus hijos y para todo aquel que se le acerque. A pesar del dolor, la viuda encuentra fuerzas entre las cenizas de su corazón y pelea por infundirlas también a sus hijos.

Tampoco se quiebra su ánimo cuando, a la suma de las desdichas familiares, se añade otra circunstancia: la ruina económica. La noticia es pública desde el día en que el socio de la fábrica de materiales de construcción de su marido se presenta en la casa de los Boyaxhiu para anunciar:

–Señora Boyaxhiu, siento tener que decirle que no traigo buenas noticias. Los negocios son los negocios, y a veces nos obligan a hacer cosas que no desearíamos... —comienza a explicar Angelo Barsotti.

–¿Qué quiere decirme exactamente, señor Barsotti? No le entiendo.

–Bueno... en fin... lo que realmente quiero darle a conocer es que, tras pensarlo detenidamente, creo que lo más oportuno, dada la situación en que ustedes se encuentran, es liquidar la parte del negocio que mantenía con su marido.

–Pero, señor Barsotti, usted sabe que eso dejaría a mi familia sin ningún ingreso regular... Tengo tres hijos. Usted lo sabe... —exclama Drana perpleja.

–Por supuesto... Pero usted comprenderá que ahora que no está Nikollë, mantener este acuerdo es absurdo. Sus hijos son todavía pequeños, y ninguno puede asumir esa responsabilidad... Los negocios son los negocios, señora Boyaxhiu...

–¿Cuánto nos corresponde? —pregunta Drana secamente.

–Les daré una suma importante. Podrán vivir de ello hasta que usted encuentre un trabajo. Y, en caso de que tuvieran algún problema, no tendría ningún inconveniente en hacerles un préstamo. Pueden contar con ello.

–Bien, señor Barsotti. Arreglemos las cosas cuanto antes.

–Le agradezco que me comprenda, señora. Yo también tengo una familia... La avisaré en cuanto los papeles estén preparados.

Drana, una vez más, se arma de valor. En lugar de desmoronarse, en pocos días es capaz de montar un taller de costura e hilado para salir adelante. Como en otras ocasiones, ante la adversidad, la fe de Drana se hace más fuerte que nunca. Su devoción a la Virgen la reconfortará. Y, ante los ojos de sus hijos, resplandecerá la entereza y religiosidad de su madre.

4
Lectora empedernida

Corren los años. Agnes y Aga se han convertido en dos inquietas muchachitas que perfilan poco a poco su forma de ser, sus gustos y aficiones. Uno de los *hobbies* preferidos de Agnes es la lectura. Lee libros de historia, novelas de aventuras, cuentos... Si se descuida, se le pasan las horas y Drana tiene que ir a buscarla para recordarle sus deberes en el hogar. Hay un tipo de relatos que le gustan especialmente: las revistas misioneras que le presta el párroco de la iglesia del Sagrado Corazón, el jesuita Franjo Jambrekovich.[3] En ellas, los propios misioneros narran con naturalidad sus vidas en medio de peligros y estrecheces y, además, se pueden ver fotos suyas. Agnes se interesa por conocer a esa gente tan valiente y tan buena, y se siente muy orgullosa de que algunos de ellos sean eslavos, como ella.

–Agnes, ¿qué lees? —le preguntaba Lazar.

---

3. Lush Gjergji, *Mother Theresa* (Editrice Velar, 1990).

–Ven, corre, mira... ¿Ves a este hombre? ¡Es de Tirana! ¡Es albano como nosotros!... ¿No te parece increíble que ahora esté enseñando el catecismo en Sudáfrica?

–Bueno... ¡Sí, es increíble!... ¡Menuda aventura!...

–Ya lo creo. Hay que ser muy valiente para dejar a tu familia, tus amigos, tu país, ¿no crees?

–Sí, pero ellos lo hacen por Dios.

–Bueno. ¿Acaso crees que eso le quita mérito a su decisión?... Debe de ser gente muy especial.

–Quizá tengas razón —murmura Lazar mientras se incorpora para marcharse. Y añade—: ¡Deja esas revistas por ahí! Quizá luego les eche un vistazo...

Otra de las aficiones preferidas de Agnes es el canto. Desde pequeños, Drana ha inculcado en sus

Agnes a los 10 años con sus compañeros de colegio. Es la tercera de la izquierda.

hijos el gusto por la música. Pueden practicarla diariamente en el coro de la parroquia. En este entorno, los tres hermanos no sólo desarrollarán sus talentos musicales, también harán íntimos amigos con los que divertirse en los ratos libres. No es raro que, muchos días, después de cantar en la misa de seis, Agnes, Aga y Lazar salgan de excursión por los alrededores de Skopje en su compañía.

–¿Adónde iremos mañana? —pregunta uno.

–Esta vez les toca elegirlo a los chicos. ¿O es que no tenéis ideas? —contesta otra.

–¡Puf!, ¡ya están las chicas con sus preguntas...! ¡Anda, Lazar, di tú algo!

–Quizá podríamos remontar el río hasta el puente de roble. Esta mañana he oído decir que los peces se ven mejor que nunca.

–¡Qué buena idea! Los mayores podríamos llevar las cañas. A lo mejor pescamos algo —propone Agnes.

–¡Sí!, ¡sí! —gritan todos.

–Ya está decidido. Mañana a la salida de misa iremos de pesca. ¡No faltéis! —concluye Lazar mientras se aleja de sus compañeros.

Es también en su adolescencia cuando Agnes y Aga deciden, como otras muchas chicas de su ciudad, entrar a formar parte de las Hijas de María.[4] Este primer encuentro con la Madre de Dios va a ser decisivo a la hora de entender la vocación de Agnes Boyaxhiu.

---

4. Se trata de una asociación religiosa que difunde la devoción a la Virgen y enseña el ejemplo de su vida como modelo de mujer.

Agnes y su hermana Aga, en 1923, vestidas con el traje regional albanés.

5
Quiero ser misionera

Cada año, cuando llegan las vacaciones, la familia Boyaxhiu se desplaza hasta los pies del Monte Negro. Allí un amigo de su padre les presta una preciosa casa de campo donde todos respiran aire puro y recuperan las fuerzas para empezar el curso escolar. Para los tres hermanos el lugar ofrece mil planes diferentes, a cual más atractivo: maravillosos paseos por el monte, horas interminables en las que zambullirse en sus libros, juegos al aire libre, paseos en barca ... Son tantos los buenos momentos pasados aquí por la familia Boyaxhiu que, incluso cuando Nikollë ya haya fallecido y Lazar se haya marchado a estudiar a la Academia Militar de Tirana, las tres mujeres siguen frecuentándolo en los meses de verano.

Corre el año 1925. El Monte Negro comienza a tener para Agnes un atractivo especial: la cercanía del santuario de Nuestra Señora de Letnice, la advocación mariana más querida de aquella zona de Albania. No hay día en que no se acerque hasta allí. Suele asistir a misa y al rezo del rosario. Pero cuando más le gusta rezar es al caer la tarde, en esos momentos en que la iglesia esta vacía de peregrinos. Piensa que, entonces, la Virgen se siente más sola y que la escuchará sólo a ella.

Suele llevar entre sus manos un ramillete de flores silvestres y nunca olvida pedir por su madre, por Lazar, que ya se encuentra lejos, y por Aga. Al final, dirige a la Virgen la petición que, desde los doce años, viene arraigando en su alma:

–Madre, que descubra el camino que tu Hijo tiene preparado para mí —y, llena de alegría, se marcha tarareando una de sus canciones preferidas, que empieza así: *Ne Ceernagore ken nji Nane (En el Monte Negro tenemos una Madre).*

Así, bajo la mirada de Nuestra Señora de Letnice, pasan los años por la joven alma de Agnes. Y la Virgen va a otorgarle ese deseo tantas veces manifestado. Será una tarde de verano de 1927, concretamente el día en que la Iglesia celebra la Asunción de María a los cielos —el 15 de agosto—.

Agnes, como de costumbre, se ha acercado caminando hasta el santuario a saludar a la Virgen. Es media tarde. Y allí, a los pies de la imagen de Nuestra Señora de Letnice, sin más compañía que la de una pequeña vela que arde entre sus manos, es donde le parece entender por primera vez la llamada de Dios para servirlo en los demás. Aquel día Agnes decide consagrarse definitivamente al servicio de Dios en la vida religiosa. La escena permanecerá imborrable a lo largo de los años en su corazón. Era la llamada de

Dios que la invitaba a entregarse por completo a Él mediante el servicio al prójimo.

La idea no la pilla desprevenida; casi la esperaba. Desde que era una niña la ha intuido en su corazón y es ahora cuando percibe que no se trata de un proyecto disparatado, fruto de su imaginación: es Jesús quien la llama. Es Él quien la ha elegido. Esa tarde Agnes vuelve a casa más feliz que nunca, como si la Virgen hubiera depositado en sus manos un precioso regalo. Sabe lo que supone ser misionera, la dureza de la vida que le espera. Lo ha leído muchas veces en las revistas del padre Jambrekovich. Sí, lo sabe, pero no le importa. Tiene ganas de romper a cantar de alegría, de contárselo a todo el mundo, de marcharse ya mismo a África, a... Sin embargo, todavía no ha llegado el momento. Agnes se da cuenta de que debe custodiar la noticia en el silencio de su oración. Sólo pasados unos días, hará partícipes del secreto a su madre y a un sacerdote. En ellos buscará el consejo para abrazar esa llamada a la que ya ha respondido que sí en lo más hondo de su corazón.

Una mañana, madre e hija vuelven caminando a casa desde el santuario. Al fondo, las cumbres del Monte Negro conservan todavía algunas manchas de nieve. El invierno ha sido frío y los riachuelos bajan caudalosos serpenteando entre la vegetación. Agnes considera que el momento es oportuno para hablar con su madre. Están solas y no parece que nadie vaya a molestarlas:

–Mamá, creo que Dios me llama a ser misionera.

Drana no dice nada, ni siquiera mira a Agnes. Por fin, pregunta:

–¿Lo has pensado bien?

–Creo que sí, mamá. Le he pedido ayuda a la Virgen, y cada vez lo veo con más claridad: debo dedicarme a servir a los más necesitados. —Y, señalando el cielo con el dedo, añade—: Él ha tomado la decisión.

–Hija mía, sabes que la vida de misionera es una vida de renuncia, lejos de tu familia, de las personas que quieres, de tu país, de todo lo que ha sido parte de ti hasta ahora...

–Lo sé, pero no puedo resistirme. Dios me ayudará; tú también lo sabes.

En el fondo, Drana también lo esperaba. Sin embargo, siente como si una inmensa piedra hubiera caído en el centro de su corazón. A pesar de la alegría que supone para una mujer creyente como ella saber que Dios ha elegido para sí a uno de sus hijos, a duras penas logra contener su tristeza. Agarra con fuerza la mano de Agnes y, juntas, en silencio, terminan el camino hasta casa.

Drana se encierra en su habitación y allí pasa el resto del día. Son horas difíciles, de rebeldía y sumisión ante los planes divinos.

–Agnes, ¿por qué no viene mamá a comer? —pregunta Aga cuando observa que sobre la mesa sólo descansan dos platos.

–No se encuentra bien, Aga. Al parecer no le ha sentado bien la cena de ayer.

–Entonces entraré a verla, quizá necesite algo...

–No la molestes ahora. Hace unos minutos dormía y eso es buena señal. Déjala que descanse.

–Está bien.

Corre la tarde. Agnes está inquieta.

–Dios mío... ¿qué le ocurrirá a mamá?, ¿debería haber esperado para hablarle de este tema? Son demasiados sufrimientos para ella. Dios mío, ayúdame a ser fuerte, ayuda a mamá, ¡cuida de nuestra familia!...

De pronto, se oye el ruido de la puerta del dormitorio de Drana. Agnes se apresura a ir hasta allí. Bajo el dintel está su madre que, ante la sorpresa de Agnes, esboza una serena sonrisa.

–Bien hija mía, sigue adelante. Pero no dejes nunca de pertenecer completamente a Cristo. Apoya tu mano sobre la suya y no lo abandones jamás en tu marcha.

–Dios nos ayudará —balbucea Agnes.

–Sin duda lo hará, hija. Ya lo está haciendo.

De vuelta a Skopje, Agnes acude a ver a su confesor, el padre Jambrekovich, para plantearle su inquietud. Es un hombre sensato que la conoce bien y su consejo es esencial para dar el paso definitivo.

–Padre, tengo la fuerte impresión de que Dios me llama a la vida misionera —le explica Agnes—. Pero, ¿cómo puedo sentirme segura de que quien me llama es Él y de que quiere realmente que sea misionera?

El jesuita no lo duda un momento:

–Es muy sencillo: lo conocerás por tu felicidad interior. Si te sientes feliz ante la idea de que Dios te llama para servirle a Él y al prójimo, no necesitas

mejor prueba de tu vocación. L
corazón es como la brújula que no
que debemos seguir en la vida, in
condujese por un sendero sembrado d

–Padre, pues eso lo siento desde hace
ma Agnes con seguridad.

–¿Y conoces las características del ca
crees que Dios te llama?

–Usted lo sabe bien, padre. Si algo conozco, es la vida misionera. He leído tantas cosas...

–Bien hija, pero piensa también si conoces a los pobres.

–¿Qué quiere decir, padre Jambrekovich?

–La miseria no tiene por qué ser siempre material, existe otra forma de pobreza, precisamente más dolorosa en cuanto que es más íntima. Es posible que a nuestro alrededor existan personas que carezcan de cariño, porque nosotros se lo negamos. Ese es el primer paso que debes dar. Piénsalo.

–¡Lo haré, padre! —contesta Agnes con emoción.

–Vuelve dentro de unos días, cuando hayas meditado estas cosas.

Y así fue. De la mano del padre Jambrekovich, Agnes va afianzando su decisión, va poniendo los sólidos cimientos sobre los que se apoyará, a partir de ahora, toda su vida. Y, al cabo de los meses, en una de sus visitas al sacerdote, le dice convencida:

–Padre, yo ya no necesito más pruebas. No quiero hacer esperar más tiempo a Dios. Estoy segura y dispuesta a abrazar mi camino.

…nces tendremos que pensar en un lugar, en una …n en la que pedir tu admisión —comenta el sacerdote, mientras mira de reojo a Agnes—. Bueno..., a decir verdad, yo ya llevo un tiempo dando vueltas a este asunto...

–¿Y qué ha pensado, padre? —pregunta inquieta Agnes.

–Hay unas monjas, las Hermanas de Nuestra Señora de Loreto, que, actualmente, están trabajando en la India. Creo que sería un buen sitio.

–¿Tienen casa en Albania? Iré a visitarlas...

–Las Hermanas de Loreto no tienen todavía ningún convento en nuestro país. Se trata de una congregación, fundada en 1609 por Mary Ward, que tiene su centro de formación en Irlanda.

–¿Y debo ir hasta allí?

–Efectivamente, Agnes. Creo que su espíritu y forma de vida es la más idónea para ti.

–... Bien... —contesta Agnes.

–¿Tienes miedo?

–No, pero pienso en mi madre. Será duro para ella que me vaya lejos.

–Sí, no cabe duda. Dios está pidiendo un gran sacrificio a tus parientes. Sois una familia muy unida.

–¿Cómo se lo diremos?

–Yo te ayudaré, no te preocupes. Tu madre es una mujer fuerte y muy buena. Lo entenderá.

–De acuerdo, ¡estoy dispuesta! —dice Agnes con decisión.

–Mañana mismo enviaré tu solicitud de admisión a

la congregación. Mientras, sigue rezando, hija; pide luz a Dios y fuerza para seguir tu camino.

Agnes aprovecha esos meses para poner al corriente a sus seres más queridos de la decisión que ya ha tomado. Por supuesto, Lazar, que continúa en Italia, a punto de entrar a formar parte del ejército montado de su majestad el rey de Albania, es el primero en saberlo. Agnes le escribe a Tirana. Su respuesta llega a los pocos días:

"¿Conque quieres ir de monja entre infantiles, hermanita mía? ¡Vamos, no me vengas con bromas! Piénsalo un poco mejor."

Agnes se enfada ante tal respuesta y ese mismo día le contesta a vuelta de correo:

"Querido Lazar: Tengo la impresión de que te sientes muy orgulloso con miras a tu próxima entrada al servicio de un rey con dos millones de súbditos. Te aseguro que, por mi parte, me siento infinitamente más feliz de poder servir al Rey del universo".[5]

---

5. José Luis González-Balado, *El sari y la cruz* (Ediciones Paulinas, Madrid, 1987)

6
Rumbo a Irlanda

A punto de concluir el verano de 1928 llega otra carta. En esta ocasión trae remite de Irlanda, y está dirigida a la Parroquia del Sagrado Corazón de Skopje. El padre Jambrekovich la reconoce inmediatamente pero no la abre. Se echa el manteo sobre los hombros y sale a la calle. A pocos metros se encuentra la casa de la familia Boyaxhiu y allí se dirige.

–¡Carta de Irlanda!

La madre y la hija, que están juntas en la cocina, dejan su trabajo.

–¿Has oído, mamá? —pregunta Agnes.

–Sí, creo que sí. Es el padre Jambrekovich. ¡Corre a abrirle!

Agnes está nerviosa cuando gira la llave de la puerta. Allí está el sacerdote mirándola serenamente. Efectivamente, lleva una carta entre las manos.

–¿Qué dice, padre?

–Aún no la he abierto. Vengo a hacerlo en vuestra presencia. ¿Está tu madre en casa?

–Sí padre, aquí estoy —contesta Drana entrando en la habitación—. Espero que sean buenas noticias...

–Ahora lo veremos —responde el sacerdote. Y los tres se sientan en torno a la mesa camilla.

El padre Jambrekovich rasga el sobre. Agnes y Drana apenas pueden disimular su impaciencia. El sacerdote comienza a leer en voz baja. Las dos siguen su mirada a través de los renglones, hasta que se detiene en una línea.

–¡La solicitud ha sido aceptada! —exclama.

Los tres coinciden en un largo silencio. No saben si reír o llorar.

–Señora Boyaxhiu —añade el padre Jambrekovich—, no sé si alegrarme con usted o decirle que comprendo y casi comparto su tristeza. Quizá ambos sentimientos resulten en este caso compatibles. Usted es una mujer de fe. No dudo de que está tan convencida como yo de que nunca se pierde a una hija que se entrega a Dios.

–Sí, padre —manifiesta Drana, casi en un susurro—. Lo creo, pero no por ello dejo de sufrir.

–Lo comprendo —dice el jesuita—. De todos modos, Aga, que es una chica excelente, se quedará con usted.

–Sí, padre. Por lo demás, estoy segura de que Nikollë, desde el cielo, no dejará de pedir por nosotras. Probablemente él se sentirá allá más feliz que yo por la vocación de Agnes. Es un pensamiento que me ayuda a aceptar mejor las cosas.

La llegada de esta carta va a ser definitiva. Enseguida comienzan los preparativos para el viaje, ya que Agnes debe trasladarse, en cuanto pueda, a Irlanda. Por fin, se fija la fecha de partida: el 24 de septiembre. El día anterior, el padre Jambrekovich pide permiso a Agnes para hacer pública la noticia después de la celebración de la misa, y así lo hace. El alboroto que se produce entonces es de esperar: todos quieren opinar al respecto. Unos lo entienden, otros no, pero eso poco importa ya, y Agnes convoca a todos esa tarde en su casa para celebrar, con una pequeña merienda, su despedida.[6]

En la fresca mañana del 24 de septiembre no falta nadie en la estación. Más de un centenar de personas se agolpan en el andén para despedir a su amiga y vecina. Allí están sus compañeros del coro de la parroquia, sus amigas del colegio, y hasta algún curioso. Agnes abraza a sus conocidos sin saber que a la mayoría no volverá a verlos nunca más, y sube al tren que silba avisando la salida. Su madre y su hermana, que la acompañarán hasta Zagreb, suben detrás de ella.

–¡Cuídate pequeña! —gritan unos.

–¡Y escríbenos pronto!

Asomada a la ventanilla, Agnes agita con fuerza su brazo, mientras la estación de Skopje va alejándose poco a poco, hasta perderse en el horizonte. Cuando se sienta entre Aga y su madre, no puede evitar que dos gruesos lagrimones resbalen por sus mejillas.

–¿Estás triste? —le pregunta Aga.

---

6. Lush Gjergji, *Mother Theresa* (Editrice Velar, 1990)

–Me da pena dejar a mis amigos. Soy feliz, pero me cuesta separarme de vosotros.

–Sólo estaremos lejos físicamente, nuestros corazones permanecen juntos —les dice Drana con seguridad—. Nos une un amor que está muy por encima de las distancias.

El viaje es largo por los kilómetros y por la pena que les acompaña, que no deja de estar presente. Sin embargo, todo llega, también Zagreb. En esta ciudad las tres viajeras tienen que afrontar el adiós más doloroso. Drana estrecha con fuerza a su hija entre sus brazos, mientras le susurra:

Agnes antes de ingresar en la Congregación de las Hermanas de Loreto en Irlanda. Fue la última vez que vio a su madre y a su hermana.

–Cuando aceptes una tarea, llévala a cabo con generosidad. Si no, no la aceptes. Y vete en paz, hija mía. Procura no pertenecer más que a Dios.

Aga llora desconsolada.

–Hermana —le dice Agnes mientras limpia las lágrimas de su cara—, cuida a mamá. ¿Me oyes? ¡Cuida a mamá! Tú eres la única que quedas junto a ella. ¡Cuídala por nosotros!

Se trata de un encargo que la mayor de los Boyaxhiu cumplirá para siempre. Aga no dejará a su madre hasta la muerte de ésta en 1972.

El tiempo corre y las tres deben separarse.

–Tennos presente en tus oraciones, hija —suplica Drana.

–Lo haré, mamá. Todos los días —contesta Agnes mientras sube al tren que la conducirá a Calais.

Sólo cuando el último vagón ha desaparecido de su vista, Drana y Aga emprenden el viaje de regreso a Skopje. Viajan en silencio, muy cerca una de la otra. Y cuando caen dormidas, Drana sueña —previendo el futuro— que nunca más volverá a ver a su hija Agnes. Así fue: las circunstancias políticas de Albania y la poca voluntad de sus mandatarios lo impidieron, obligando a decir entonces a la Madre Teresa: "*todavía existen barreras que ni el amor es capaz de derribar*".[7]

---

7. José Luis González-Balado *El sari y la cruz* (Ediciones Paulinas, Madrid, 1987)

Por suerte, desde Zagreb, Agnes no continúa el viaje sola. A ella se une otra joven, yugoslava, Betica Kanjc, que también ha solicitado entrar en la orden de Loreto. A duras penas pueden intercambiar algunas palabras: no hablan el mismo idioma. Pero juntas se sienten mejor.

Antes de cruzar el Canal de la Mancha hasta Dover, las dos jovencitas van a hacer una parada en la capital francesa: París. El objetivo es entrevistarse con la superiora de las Hermanas de Loreto en Francia: Eugene McAvin. Sólo gracias a la ayuda de un intérprete de la embajada de Yugoslavia ante el gobierno francés, la madre superiora podrá cumplir la misión que se le ha encomendado: dar el visto bueno definitivo a las dos candidatas y animarlas a continuar su viaje hasta Irlanda.

Y, por fin, rumbo a Calais. Las dos jóvenes se empinan en el ventanal para ver pasar, uno tras otro, paisajes desconocidos para ellas. Las dos se miran entusiasmadas cuando atraviesan la verde campiña francesa. Y, cuando vislumbran el mar en el horizonte, Agnes apenas puede creerlo —¡ojalá estuvieran allí con ella sus hermanos, mamá, y también papá!—. Allí, en Calais, les espera el *ferry* que las conducirá hasta Irlanda, ¡la esperada Irlanda!

7
La novicia eslava

Ha sido un viaje cansado y lleno de emociones. Cuando, por fin, Agnes y Betica se ven en la casa central de Loreto, ubicada en una localidad muy próxima a Dublín —Rathfarnham—, respiran tranquilas. La ciudad no puede ser más distinta al lugar de donde ellas proceden. Lo peor: la lluvia, que cae constantemente, y el inglés, que deberán hablarlo cuanto antes. Sin embargo, enseguida se sienten acogidas por su nueva familia, aunque, ni una ni otra son capaces de intercambiar una sola palabra con las cariñosas novicias que les dan la bienvenida.

–Hola, Agnes, bienvenida a Loreto —le dice una de ellas.

–Hablas mi lengua, ¡qué respiro!

–Me llamo Erica y soy de Budapest.

–Y, ¿por qué conoces mi idioma?

–Mi padre es de Tirana. Lo he oído desde muy pequeña. Hemos pasado allí muchos veranos.

–Entiendo...

–¿Sabes una cosa? Eres la primera novicia eslava que llega a esta casa.

–¿De verdad? —pregunta sorprendida Agnes.

–Así es. Todas te esperábamos con gran ilusión.

–Sí. Ya veo cómo me miran... —dice Agnes, levantando la vista hacia las otras chicas, que esperan de pie unos metros más atrás.

–¡Ven! —la anima Erica—, te enseñaré tu habitación, podrás lavarte y después iremos a conocer a la madre superiora.

–Oh, entonces debo arreglarme. ¿Cómo crees que debo ir vestida?

–No te preocupes por eso. ¡Vamos!, aquí no tendrás ese problema... ¿No te has fijado en que todas usamos "uniforme"?

–¡Qué despistada soy! —exclama Agnes llevándose la mano a la cabeza.

Media hora después, Agnes y Erica, junto a Betica y a otra novicia que debía de hablar el yugoslavo, están llamando a la puerta del despacho de la madre superiora.

–¡Adelante!

–Madre —dice Erica—, Agnes y Betica vienen a saludarla.

–Pasad, pasad. Es un milagro que estéis aquí. ¿Estáis muy cansadas?

Erica y la otra novicia van traduciendo, una a una, todas las palabras que dice la madre superiora.

–Hoy no quiero cansaros más. Ya tendremos tiempo de hablar. Por lo pronto, lo primero que debéis aprender es la lengua inglesa. Ésa será vuestra ocupación a partir de mañana: haréis un curso intensivo. Después, ya hablaremos...

Luego, dirigiéndose a las dos traductoras, añade:

–Explicadles bien el horario de la casa y acompañadlas para lo que necesiten.

–Sí, madre —contestan las dos y, después, todas se retiran.

Agnes y Betica se aplican al inglés con alma, vida y corazón. La ilusión de conocer a fondo la institución de la que querían formar parte las anima a avanzar deprisa. Y así corren las seis primeras semanas.

–¿Has escrito a tu familia? —pregunta Erica un día a Agnes.

–Sí, claro. ¡Son tantas las cosas que tengo que contarles...! Precisamente ayer, recibí noticias suyas. Mi hermano Lazar ya es todo un soldado. Ahora está pasando unos días junto a mi madre, antes de partir a su nuevo destino en Tirana.

–Tienes suerte de tener hermanos... —comenta Erica—. Yo he sido siempre hija única y te aseguro que es menos divertido.

–Te creo. Para mí, mis hermanos son lo más maravilloso que he tenido en mi vida.

–Los echarás de menos...

–Sí, pero sé que estoy donde debo estar. Si me hubiera quedado en Skopje hubiera sido una infeliz. Es imposible escuchar a Dios y no seguirle. —Y repite—: Sé que estoy donde debo estar.

Pero los planes que Dios tiene preparados para

A la izquierda, Agnes vestida de novicia junto a otra chica. Esta foto la envió Agnes a su familia con la carta en la que les anunciaba que se iba a la India (1929).

Agnes no han terminado todavía. Un día la madre superiora la llama a su despacho.

–Agnes, nuestras hermanas de la India nos han pedido ayuda y, dado que tú siempre has manifestado el deseo de trabajar en aquel país, hemos decidido que vayas junto a ellas. Además, allí podrás hacer tu noviciado. En Bengala está uno de nuestros mayores centros.

Agnes se queda desconcertada. Y por fin exclama:

–¡Casi no puedo creerlo!... ¡la India!, ¡tan pronto! ¡Es maravilloso!... —y añade— ¿Cuándo partiré?

–Tendrás que salir enseguida. El viaje es largo y, aunque el tiempo es bueno, es imposible que lo hagas en menos de un mes.

–Estoy dispuesta, madre. Me iré mañana mismo si es necesario...

–Antes tendrás que poner en regla tus papeles o, si no, ¿cómo piensas entrar en la India? Necesitas un visado, vacunarte de algunas enfermedades... Creo que podrás salir dentro de una semana.

Así es como el 1 de diciembre de 1928, con lágrimas en los ojos, Agnes dice adiós a la *Abbey* de Loreto que con tanto cariño la ha acogido. En el viaje la acompañarán dos monjas de otra orden que llevan su mismo destino. Una travesía larga y emocionante que tendrá como meta la soñada India, tierra predilecta de misión para la imaginación de la joven Agnes.

8
La India, por fin

Cuando el barco divisa las costas de Bengala, el 6 de enero de 1929, después de más de un mes de travesía, Agnes respira hondo. Los olores de la India la acogen con un cálido abrazo. A lo lejos, se perfila la ciudad con sus sonidos y colores. Grupos de personas ataviadas con trajes multicolores esperan en el puerto agitando los brazos. Más allá, Agnes distingue a los pescadores, recogiendo el pescado en enormes banastas de madera. Los niños corren descalzos por el muelle, distraídos con sus juegos. En el aire, una inmensa neblina de contaminación se posa sobre la bulliciosa ciudad de Colombo, en el delta del Ganges.

Por un momento, Agnes se acuerda de su familia, ahora más lejos que nunca, y le invade una sensación de nostalgia. Entonces, entre la multitud de casas y callejas que se arremolinan en torno al puerto, Agnes divisa el campanario de la misión. Vuelve a respirar hondo, abre bien los ojos y graba a fuego en su corazón el deseo de ponerse manos a la obra lo antes posible. Después de todo, allí es donde quiere estar.

Una vez en el muelle, sor Micaella, una de las dos hermanas franciscanas que la acompañan, comenta:

–Ahora debemos remontar el río Ganges hasta Calcuta.

–Y, ¿cómo lo haremos? —pregunta Agnes.

–Lo más seguro es hacerlo por el mismo río, en barco. Tomaremos los billetes enseguida —contesta con seguridad sor Gracia.

Agnes la mira perpleja. ¡Más barco aún...! Se siente agotada. Entonces, divisa a lo lejos un remolino de gente que se apresura a subir a un destartalado tren.

–¡Mirad! —exclama— aquello de allí parece la estación. ¿No será mejor que lo hagamos en tren? Preferiría ir por tierra firme antes que cualquier otra cosa.

–No es seguro, Agnes. Haznos caso... —le sugieren.

–¿Por qué? —pregunta intrigada Agnes.

–Los trenes van a rebosar de gente. Es muy corriente que algunos descarrilen y no tenemos tiempo que perder. Además, el viaje por el río es más corto.

–Verás como es muy diferente al mar. Ahora podrás ir mirando las orillas a ambos lados de la nave. Estarás tan distraída que la travesía se te pasará volando —añade sor Micaella.

–Está bien. Como vosotras digáis. ¡Vamos!

Y así es. Es tan distinto todo que, cuando horas más tarde, Agnes divisa en el muelle a dos hermanas de Loreto agitando efusivamente sus brazos, exclama sorprendida:

–Pero... ¿Ya hemos llegado?

–Así es, jovencita —le contesta sor Micaella orgullosa de haber cumplido su promesa: que el viaje se hiciera corto.

–Y parece que allí te están esperando —apunta sor Gracia, mientras señala con el dedo a las dos monjas que aguardan en el muelle.

–Sí, es cierto, creo que me saludan a mí —corrobora Agnes.

–Bueno, entonces aquí nos separamos...

–¡Gracias por todo, hermanas! Ha sido maravilloso viajar en vuestra compañía. ¿Volveremos a vernos?

–No lo dudes —contesta sor Micaella cogiendo a Agnes por los hombros—, aquí todos nos conocemos y todos nos ayudamos. ¡Que Dios te acompañe!

La semana que Agnes permanece en la Loreto House de Calcuta pasa tan deprisa que apenas si tiene tiempo de aprender el nombre de todas las hermanas. Sale todos los días a la calle y se percata de la realidad que la rodea, tan diferente a la que ha vivido hasta ahora. Enseguida se da cuenta de la brutal pobreza de la gente. Cada día descubre cientos de hombres, mujeres y niños famélicos. Algunos, agonizan en medio de la calle sin que nadie les preste atención. Agnes sufre ante este indescriptible espectáculo, mientras oye en su interior una voz imperativa que le dice: hay que empezar a trabajar cuanto antes.

Una tarde, mientras recoge en la cocina los restos de la comida, comenta en alto:

–Tenemos suerte de que nunca nos falte alimento, ¿no crees, hermana María?

–¿Por qué me lo preguntas?

–Veo tanta gente que sufre, que no tienen nada que llevarse a la boca... A veces pienso que hacemos mal en comer nosotras mientras esas personas se mueren de hambre.

–No te sientas culpable por ello. ¿No has pensado que si tú no estás fuerte no podrás ayudarles? ¡Mal servicio les haríamos! ¿No crees?

Agnes se queda pensativa. Aquello no se le había ocurrido.

Pero Agnes debe abandonar pronto la ciudad de Calcuta ya que, en el noviciado de Darjeeling, hace días que la esperan. Allí, junto al resto de las jóvenes candidatas, va a iniciar el postulantado y permanecerá durante dos años hasta terminar el noviciado. Son los dos periodos de formación que debe hacer toda aspirante a monja. De esta forma, Agnes se va adaptando a la disciplina de la vida en la comunidad, fundamental para comprobar si la joven reúne las condiciones físicas, intelectuales y morales que se requieren para el camino que se dispone a emprender. Durante el primer año de noviciado las candidatas estudian temas bíblicos, catequéticos y teológicos. En el segundo año, se forman para la actividad que desarrollarán en la institución de Loreto: la enseñanza. Además, todas deben practicar los votos de pobreza, castidad y obediencia, comunes a todas las religiosas.

Agnes enseguida es querida por todas. Sus compañeras adoran su espíritu alegre, sus ganas de trabajar y su inmensa sencillez. Todo parece indicar que Agnes será una buena monja, por eso nada impide que el 25 de mayo de 1931 haga su profesión en la orden de Loreto.

–Me llamaré "Teresa" —dice el día en que la madre superiora le pregunta el nombre con el que desea incorporarse a su nuevo estado.[8]

–¿Por qué "Teresa"? —le pregunta la madre.

–Lo haré en recuerdo de la pequeña Teresa de Lisieux. Como ya sabe, madre, acaba de ser proclamada santa y patrona de las misiones, y quiero ponerme bajo su protección.

A partir de ahora, Agnes será siempre Teresa. Eso sí, el nombre lo escribirá desde el principio con la grafía española, "Teresa" y no "Thérèse" (como se dice en francés), para diferenciarse de otra compañera suya que también eligió este nombre, y no por referirse a la santa de Ávila.

---

8. El motivo del cambio de nombre es bien sencillo: es costumbre en las órdenes religiosas que, cuando las novicias se consagran, comiencen a llamarse con un nuevo nombre para indicar la nueva vida que inician.

9
Maestra ejemplar

Terminado el noviciado en 1931, Teresa vuelve a Loreto House, en la inmensa Calcuta. Desde allí, la congregación atiende dos colegios de reconocido prestigio en la ciudad. Se trata del Loreto Entally, donde reciben educación niñas nacidas en el seno de familias pobres, y el St. Mary's, para chicas procedentes de familias de la alta sociedad. En este entorno, Teresa va a pasar algunos de los años más felices de su vida.

Cada día es para ella una hermosa aventura, mucho más maravillosa de lo que había imaginado en Skopje. Es cierto que añora a su familia: a Aga, Lazar y su madre..., las interminables veladas junto al fuego imbuida en sus libros, las tardes de verano en el santuario de Letnice, las excursiones al río... Pero Teresa no se siente desdichada. En Calcuta ha encontrado también una vida que la llena de alegría: la oportunidad de entregarse definitivamente a Dios y a los demás.

Con frecuencia escribe a su madre:

"Esto es maravilloso, mamá. Hay tanto que hacer en esta ciudad que jamás he visto mi tiempo mejor empleado. No sabes cómo desearía que estuvieras aquí para verlo. El colegio tiene cientos de alumnas, a las que adoro. Tienen verdaderos deseos de aprender. Y no sólo en los libros. Hay algunas que sienten la necesidad de hacer algo por las personas que fuera, en la calle, se mueren de hambre. Sin duda, la realidad es la mejor maestra, y estas pequeñas tienen un corazón grande deseoso de aprender la lección del amor. Su actitud se convierte para mí en una auténtica escuela".

Teresa se encarga, desde el primer momento, de la formación de las chicas de St. Mary's, tarea que asume con gran ilusión y responsabilidad.

–¡Venga, hermana Teresa! —la animan las alumnas—, venga con nosotras a jugar una partida de bridge.

Teresa duda, le encantaría hacerlo; sin embargo, sabe que tiene aún que preparar alguna clase.

–Quizá mañana —responde mientras viene a su memoria aquel consejo materno: "cuando hagas una cosa, hazla bien"—. He de terminar algunas cosas.

–Hermana..., ya lo hará luego —insisten las chicas—. Necesitamos una persona más para formar los dos equipos.

–Os lo agradezco de veras, pero no puedo. No hay nada que nos haga más felices que la sensación de haber cumplido con nuestro deber. ¿No lo crees así, Dora?

–Mmmm... Sí, hermana..., ¡claro!

–Está bien... —contestan todas.

–Entonces Katty hará de árbitro. ¿Quieres, Katty?

–Bien. ¡Qué remedio!... ¡Vamos!

Teresa prepara sus clases de geografía e historia todos los días, consultando libros y mapas. Es una tarea que le cuesta un esfuerzo suplementario ya que, además de desconocer la India, debe mejorar su nivel de bengalí e inglés, ya que las clases se desarrollan en estos idiomas. Los resultados no se hacen esperar. Entre las alumnas se comenta que las clases de la hermana Teresa son las más interesantes. Pronto es nombrada directora de estudios del colegio y sus alumnas comienzan a llamarla, cariñosamente, la hermana Teresa *bengalí*, por el asombroso dominio que ha adquirido del idioma.

Además, Teresa no se conforma con que sus alumnas sepan de memoria los ríos de la India y la historia de sus maharajás,[9] entre sus objetivos está también que las chicas sean cada día mejores. En este sentido, una de sus actividades preferidas es enseñarles a amar a los pobres y enfermos.

Un día, después de clase, Dora golpea con los nudillos la puerta del despacho de la hermana Teresa. Con ella vienen otras cinco chicas. La portavoz plantea el problema sin ambages:

–Hermana Teresa, una mujer en la barriada de

---

9. Príncipes hindúes desaparecidos desde que la India es una república, tras la proclamación de su independencia en 1950.

Moti Jihl dio a luz ayer y está tan débil que, si no hacemos algo, el pequeño morirá de hambre. Nos lo han dicho unos hombres de aquel barrio y queremos ayudarla; hermana, ¿cómo podemos hacerlo?

–¡Yo puedo traer leche de mi casa! —exclama una.

–¡Y yo...!

–Hermana, venga con nosotras. Si usted nos acompaña no tendremos miedo —suplica Dora.

Teresa no lo duda un momento. Ella conoce bien a las gentes de Moti Jihl, y a los enfermos del Nibratam Sark Hospital... Hace tiempo que acude a visitarlos regularmente.

–Iremos ahora mismo, ¡vamos! —les dice—. Antes pasaremos por el mercado y compraremos algo de comida para el pequeño y para la madre.

–¡Sí! Quizá todavía lleguemos a tiempo.

La tumultuosa calle del mercado apenas deja avanzar al grupo de St. Mary's que encabeza, con paso ligero, la hermana Teresa.

–¡No os soltéis de la mano! —les ordena Teresa—. Ya casi hemos llegado.

Por fin alcanzan el puesto donde se vende leche de cabra. Todas sacan de sus bolsillos lo que llevan encima, reúnen las rupias necesarias y compran un inmenso jarro de leche, fruta y algo de arroz. Luego, se encaminan velozmente hacia Moti Jihl.

Cuando apenas están a unos metros de su destino, el olor se hace insoportable. Las niñas se miran horrorizadas.

–Ya estamos —exclama Teresa parando en seco la

marcha—. Ahora tendremos que dar con ella. Venid, no os separéis de mí.

Teresa avanza segura sobre el suelo pestilente de las callejas. Corre un agua sucia que se cuela en el interior de las chozas que se levantan a los lados. Hay perros famélicos hurgando en los desperdicios que se amontonan aquí y allí. Algunas personas, cubiertas por suciedad de días y meses sin agua, se asoman desde sus escondites al paso del grupo.

Teresa sabe dónde va, sin embargo pregunta a un anciano que se encuentra amasando un montón de excrementos de vaca para utilizarlo después como combustible.

–Allí, bajo el puente —contesta el hombre mientras señala una destartalada construcción que, quizá sólo tiempo atrás, sirvió para cruzar un río.

Efectivamente, cuando ya están a pocos metros, oyen el llanto de un niño.

–¡Hermana, allí, bajo aquella piedra!

Todas miran hacia una pequeña cavidad que se abre en la roca. Está oscuro. Y allí, envuelta en andrajos, comienza a perfilarse la silueta de una mujer. A sus pies un niño llora desconsoladamente. Teresa toma al niño entre sus brazos y se lo entrega a Dora que es la única que, hasta el momento, se ha atrevido a avanzar con ella. Las demás, unos metros más atrás, miran atónitas el espectáculo, tan juntas como les permiten sus cuerpos.

–¡Venid! —les dice Teresa— No tengáis miedo. Necesito vuestra ayuda.

Las niñas, poco a poco, se van aproximando y, en pocos minutos, ya están metidas en faena. Lo primero que hacen es ir a por agua. Lavan cuidadosamente al pequeño y a su madre. Mientras, otras pelan algunas de las frutas que devorará con ansiedad la mujer. El niño traga la leche sin pausa.

–Tened cuidado —les advierte Teresa—. No le deis demasiada o le sentará mal.

El sol se ha puesto cuando el equipo ha terminado con su tarea. Después de dejar a la madre alimento para varios días, vuelven a casa en silencio, con una inmensa sonrisa en sus labios. Sin embargo, Teresa ni siquiera intuye todavía los designios que Dios tiene preparados para ella junto a los desheredados de la tierra.

Así van a correr, veloces, los años para la joven albanesa. Teresa es plenamente feliz. El amor a Dios ha abierto en su alma un inmenso remanso de paz; la posibilidad de entregar su vida a Dios y a los demás es una fuente de constante alegría; la enseñanza, una tarea que ha logrado dominar con maestría, la enriquece personalmente; además, adora a sus hermanas y alumnas, y se siente correspondida por ellas. En definitiva, cada mañana, el día se le presenta como un reto apasionante. La actividad en St. Mary's la ocupa permanentemente, hasta el punto de que apenas tiene tiempo de salir del recinto de la congregación. Pero, cada cosa a su tiempo, la Providencia espera pacientemente el momento de mostrar a Teresa un nuevo horizonte, más allá de los muros de Loreto House.

10
Un viaje especial

Son las 6 de la mañana del 10 de septiembre de 1946. A pesar de que aún es temprano, en Calcuta hace un calor bochornoso. Cuando Teresa se despierta, está empapada en sudor.

–¡Menudo día me espera! —exclama a media voz, y añade—: Jesús, haz que mis hermanas y yo tengamos un buen viaje hasta Darjeeling. Ayúdame a servirte a ti y a los demás con todo mi corazón.

Sin más preámbulos, Teresa corre a asearse con una alegría especial porque hoy, ella y otras monjas de Loreto House viajarán en tren hasta la casa de Darjeeling para realizar sus ejercicios espirituales como cada año. Ocho días de oración, de análisis y replanteamiento de la propia vida. Ocho días para buscar claridad.

Cuando a las 7 en punto el tren se pone en movimiento y empieza a escupir humo blanco por su gran chimenea, Inés, María y Teresa ya están acomodadas en sus asientos y llenas de emoción dicen adiós a las hermanas que las despiden desde el andén. A derecha e izquierda, arriba y abajo, Teresa observa que en el vagón no queda un hueco libre. Es más, la gente se amontona en los pasillos entre maletas, cestas y otros bultos.

–Son las ventajas de viajar en un vagón de tercera —bromea mientras trata de sacar su pie de debajo de un paquete que alguien ha dejado caer en el suelo.

Entonces, Teresa descubre que, junto a ella y de pie, se ha colocado una mujer que lleva un niño en brazos. Sin dudarlo, le dice:

–Disculpe señora, siéntese usted en mi lugar. Ese pequeño debe pesarle mucho...

La mujer, sin levantar la vista del suelo, le indica que no, moviendo la cabeza de un lado a otro. Por su actitud, Teresa se da cuenta de que la mujer pertenece a la casta de los parias. Ser paria en la India supone formar parte de la clase más baja de la sociedad. La vida es bastante difícil para este tipo de gente que, además de no tener ningún derecho, tienen absolutamente prohibido mirar a los ojos a otra persona de rango superior. Teresa lo sabe y, aunque no está de acuerdo con estas imposiciones sociales, no insiste porque no quiere poner en un aprieto a la mujer. Sin embargo, toma al niño de sus brazos y lo sienta en sus rodillas.

–Así estaremos más cómodos los tres —dice, mientras aprieta con fuerza las manos de la mujer entre las suyas.

Sin levantar la vista del suelo, la india hace una suave reverencia a Teresa como muestra de agradecimiento.

El viaje es largo: cerca de 24 horas de traqueteo, con paradas en los lugares más variopintos: Krishnanagar, Baharampur, Ingraj Bazar, Jalpaiguri... No es raro que a las cinco de la tarde, cuando cae un sol de justicia sobre el desvencijado tren, la mayoría de los viajeros se hayan quedado dormidos. El pequeño descansa en los brazos de su madre, que ha acabado por encontrar un sitio frente a las monjas. La hermana Inés también descansa sobre el hombro de Teresa que, aprovechando el silencio que reina en el vagón, está rezando con un libro entre las manos.

El tren asciende lentamente por las suaves pendientes, abriéndose paso entre las plantaciones de té, a los pies del Himalaya. Un manto de luminoso verde se pierde en la lejanía. Y allí, de la forma más natural, Dios va a revelar un nuevo mensaje a la joven monja eslava. Le va a encargar una misión muy especial. Se lo dirá en el fondo de su corazón. De hecho, nadie se da cuenta. Ni siquiera la hermana Inés, que va sentada a su lado. Sin embargo, Teresa no olvidará este momento en el resto de su vida. Ella misma lo ha contado muchas veces:

"Fue el 10 de septiembre de 1946, mientras me encontraba a bordo del tren que me llevaba a Darjeeling para hacer los ejercicios espirituales. Allí, mientras oraba al Señor en intimidad y en silencio, percibí con claridad una llamada dentro de la llamada. Sentí intensamente que Jesús quería que le sirviese en los más pobres de los pobres, en los abandonados, en los habitantes de los suburbios, en los

marginados, en los carentes de todo refugio. Jesús me invitaba a servirle y a seguirle con pobreza real, emprendiendo un género de vida que me asemejase a los necesitados, en quienes Él está presente, en quienes Él sufre y a quienes ama".[10]

Teresa se queda desconcertada. ¿Dios le pide que abandone la orden de Loreto para dedicarse a servir a los más pobres de los pobres? Y, ¿cómo hará eso si ella está segura de su vocación a la vida religiosa? ¿Existirá alguna otra orden que trabaje con los más pobres de los pobres en la que pueda entrar, o tendrá que lanzarse sola a la aventura? Las preguntas sin respuesta parecen querer bloquearla; sin embargo, ha escuchado tan claramente la voz de Dios, que no sabe si debe ponerse manos a la obra inmediatamente. Una vez más, la oración va a ser la luz de su camino.

–Señor, estoy segura de que si me pides algo, también me ayudarás a realizarlo. —Y con un gran convencimiento, añade—: Primero rezaré y después, si Dios quiere, estoy dispuesta a irme a los barrios más pobres.

Y con este pensamiento, llega a Darjeeling al día siguiente. Está amaneciendo. Aquí, a 2.134 metros de altitud, frente al Himalaya, lejos de la contaminación, del ruido y de la gente, Teresa va a tener tiempo de meditar con calma el mensaje de Dios. Lo que ella llamará desde entonces, el "Día de la Inspiración".

---

10. *Mother Teresa: My Life for the Poor* (Harper & Row, San Francisco, USA, 1985)

11
En la calle con cinco rupias

Teresa se da cuenta de que la inspiración que Dios le ha transmitido debe germinar en el silencio. Por eso, cuando regresa a Calcuta, sólo cuenta lo sucedido a las personas que mejor pueden ayudarla a obedecer a Dios: los padres Celeste van Exem y Julien Henry, y la superiora provincial de la orden de Loreto.

Son las doce del mediodía. Teresa está inquieta y, aprovechando el intermedio de una clase de geografía, sale a respirar al jardín. Por el camino, hacia ella, se dirige la madre Gertrude, superiora provincial de la orden. Cuando se cruzan, ésta le dice a Teresa:

–Buenos días hermana. ¿Cómo van sus alumnas?

–Bien madre, ya sabe que son muy aplicadas. Prácticamente son ellas las que sacan adelante las clases. Tienen un gran espíritu de superación, me exigen mucho...

La madre Gertrude se ríe, e inclinándose hacia Teresa le dice:

–Eso es bueno hermana y, además, dice mucho de la maestra. El interés es la primera condición para aprender.

–Sí; gracias, madre.

–Vaya con Dios —concluye la superiora mientras hace ademán de continuar su camino, pero Teresa la detiene:

–Madre, me gustaría hablar con usted a solas. Hay un asunto...

–¿Es algo grave?

–No, madre. Simplemente necesito su consejo.

–Está bien. Venga a verme esta tarde, la escucharé y le daré mi parecer.

A las cinco en punto Teresa entra en el despacho de la madre Gertrude. La superiora la acoge con cordialidad.

–Pase, estaba esperándola.

–Gracias.

–Espero que haya podido descansar durante sus días de retiro. Las clases son exigentes y usted se toma su trabajo con una gran responsabilidad.

–Sí, madre, y precisamente de eso quería hablarle.

La madre Gertrude mantiene un respetuoso silencio a la espera de la confidencia. Entonces, Teresa le cuenta con detalle la experiencia divina que ha tenido lugar en su corazón. Desde ese momento ha rezado pidiendo luces a Dios. Busca la claridad que disipe su desconcierto ante los planes divinos. La madre Gertrude la escucha atentamente, en algún momento le solicita aclaraciones sobre las circunstancias con el fin de poder ayudarla a ver claro en su interior. Por fin, dando un profundo suspiro, dice a Teresa:

–Querida Teresa, mi consejo es que siga rezando y pidiendo luz a Dios para descubrir su voluntad. Yo también pediré por usted. Además, le sugiero otra cosa: mantenga discreción sobre lo ocurrido.

–No se preocupe, madre. El padre Van Exem y el padre Henry son las únicas personas que conocen este suceso además de usted, y también ellos me han aconsejado que intensifique mi oración.

–Puede contar con mi más sincero apoyo. Si lo que me ha contado es obra de Dios, seré la primera en secundarla.

–Gracias —concluye Teresa.

Y antes de despedirse, la madre Gertrude añade:

–Téngame al corriente de todo. Desde hoy rezaré especialmente por usted.

Teresa sigue con confianza el consejo que ha recibido. Reza cada día con más urgencia y, a medida que pasa el tiempo, cada vez escucha con más fuerza en su corazón las palabras de Jesús en el Evangelio: "Lo que hiciereis al más pequeño de mis hermanos, a mí me lo hacéis" (Mt. 25, 40). Así se lo hace saber a sus superiores y, finalmente, tras un año de intensa oración, recibe el permiso del obispo de Calcuta, Ferdinand Périer, y de la superiora general de Loreto, la madre Gertrude Kennedy, para escribir a su santidad el papa Pío XII, exponiendo su deseo de abandonar Loreto para dedicarse a servir a los más pobres de los pobres.

Un día del mes de julio de 1948, la madre Gertrude llama a Teresa. Cuando las dos están solas en su despacho, le dice:

–Teresa, hoy nos ha llegado la respuesta de Roma a su solicitud. Me alegra poder decirle que el Papa ha autorizado su exclaustración de la orden de Loreto, sin que por ello deje de estar vinculada a los compromisos derivados de sus votos religiosos de pobreza, celibato y obediencia.

–Pero entonces, ¿podré seguir siendo religiosa?

–Así es, pero en lugar de estar vinculada a una orden, obedecerá directamente a nuestro arzobispo Périer. De esta forma podrá empezar a practicar el camino que Dios le ha pedido junto a los desheredados. Y, en cualquier caso, no olvide que, si dentro de un año cambia de parecer, en Loreto siempre tendrá las puertas abiertas. Ésta siempre será su casa.

–Gracias, madre —dice Teresa conmovida—. Aquí soy la persona más feliz del mundo, pero Dios me pide que abandone esta querida casa. Sé que va a ser algo mucho más difícil que dejar a mi familia y mi país. Loreto lo es todo para mí. Aquí me he consagrado por entero a Jesús y eso jamás podré olvidarlo.

La madre Gertrude abraza a Teresa con ternura, mientras en su interior presiente que Dios está detrás de todo aquello.

Ya no hay tiempo que perder. Teresa está impaciente por secundar los planes divinos y, por fin, llega el día señalado. Son las cinco de la madrugada del 16 de agosto de 1948 cuando Teresa abandona definitivamente el convento de Loreto. Un día después de la fiesta de Nuestra Señora de Letnice. Se acoge con fe a su protección.

–Madre, no me dejes en estos momentos. Necesito valor para cumplir los deseos de tu Hijo. No me dejes sola, no me dejes sola... —repite constantemente.

Teresa está feliz. Sin embargo, cuando cierra la puerta de Loreto House tras de sí y se encuentra sola en la calle, la invade la congoja. Nadie repara en sus lágrimas. Respira hondo y comienza a caminar hacia la iglesia de Santa Teresa, donde tiene previsto asistir a misa. Allí, sin más compañía que la de una pequeña maleta y cinco rupias, la ve llegar el párroco, vestida por primera vez con un humilde sari blanco de algodón. Si va a vivir entre los pobres, ella también debe ser pobre. Y de sus labios brota una oración:

–*¡Tú, Dios mío! ¡Nadie más que tú! Tengo fe en tu llamada y en tu inspiración. Estoy segura de que no me abandonarás jamás. Ayúdame a serte fiel.*[11]

Al salir de la iglesia, las calles ya están llenas de gente que corre acalorada entre los puestos del mercado, los tranvías, las vacas sagradas... Abriéndose paso entre el tumulto, Teresa se encamina hacia un barrio que conoce bien: Moti Jihl. Lo primero que necesita es encontrar un lugar donde acoger a los enfermos y lisiados. Camina sin parar, hasta desfallecer. La tarea no es sencilla y la joven monja se encuentra sola. Teresa no puede evitar que la preocupación la embargue por unos momentos:

---

11. José Luis González-Balado, *El sari y la cruz* (Ediciones Paulinas, 1987)

–Dios mío, no tengo a dónde ir. Ya no tengo casa, ni familia, ni... Dios mío, ¡ayúdame! ¿He obrado bien o esto no es más que una locura?... —exclama en su interior mientras le asalta el recuerdo de la seguridad material que ha disfrutado en Loreto.

Ahora comprende de verdad lo que es no tener nada, el agotamiento de los pobres, siempre en tránsito por la pobreza, buscando un poco de alimento, sin hogar... Pero este pensamiento negativo no dura más que unos segundos, Teresa se yergue con valentía, mira a su alrededor, y reza:

–Dios mío, por libre decisión y con el único apoyo de tu amor, quiero permanecer aquí y cumplir tu voluntad. No quiero dar marcha atrás. Mi comunidad son los pobres. Su seguridad es la mía. Su salud es mi salud. Mi hogar es el hogar de los pobres. Pero, no de los pobres a secas, sino de los más pobres entre los pobres. De aquellos a quienes uno trata de no acercarse por temor al contagio, a ensuciarse, o porque están cubiertos de microbios y de enfermedades. De aquellos que no acuden a rezar a las iglesias porque no tienen vestidos para ponerse encima. De aquellos que no comen porque han perdido las fuerzas. De aquellos que se derrumban por las calles, sabiendo que se van a morir, mientras los vivos caminan a su lado con indiferencia. De aquellos que ya no son capaces de llorar, porque se les han agotado las lágrimas.[12]

---

12. José Luis González-Balado, *El sari y la cruz* (Ediciones Paulinas, 1987)

Cuando apenas ha reemprendido de nuevo la marcha, un hombre se interpone en su camino, tendiéndole la mano.

–Deme algo, hermana. Hace días que no como nada. Mis hijos van a morir de hambre... Deme algo, por favor...

Teresa no lo duda ni un momento, saca el poco dinero que lleva encima y da a aquel pobre cuatro de las cinco rupias que tiene, mientras piensa:

–Conservaré una rupia, al menos, para comprar algo de comida.

Sin embargo, Dios tiene otros planes: también aquella moneda está destinada a desaparecer. Y sucede a los pocos metros, cuando un sacerdote se acerca a ella agitando una caja de latón que parece estar llena de monedas:

–Hermana, ¿no tendrá usted un donativo en favor de la prensa católica?

Teresa duda un momento. Si le da la rupia que le queda se encontrará sin nada.

–Está bien, padre, le doy lo último que me queda. No tengo más que una rupia, lo siento.

–Dios se lo pague, hermana, pero si no tiene nada más que una rupia, no la aceptaré.

–Sí la aceptará. Se la doy con mucho gusto. Estoy en las manos de Dios, Él cuidará de mí.

El sacerdote se desconcierta, pero ante la seguridad que muestra Teresa, no se atreve a llevarle la contraria.

–Hermana —le pregunta—, ¿a qué orden pertenece usted? No reconozco su hábito...

–Soy misionera, padre, simplemente eso. Trabajo en el barrio de Moti Jihl.

–¿En Moti Jihl? —pregunta sorprendido el sacerdote—. Lo conozco, y tampoco ignoro la pobreza de sus habitantes. Tendrá allí mucho trabajo...

–Sí, padre.

–Iré a visitarla algún día.

Y el sacerdote la deja, acercándose a otro grupo de personas.

–Bueno —piensa Teresa cuando se ha ido—, ahora sí que no me queda nada. Tú verás lo que haces, Dios mío.

Y, efectivamente, Dios se encargará de todo. Aquella misma tarde tiene lugar un extraño suceso. Aquel sacerdote se presenta en Moti Jihl. Trae con él un sobre cerrado que entrega a Teresa.

–Alguien me lo ha dado para usted, hermana. Había oído hablar de sus proyectos y los quiere apoyar. Le confieso que al principio no caí en que se trataba de usted pero, cuando me dijo que era para una monja vestida con un sari blanco, enseguida uní los cabos sueltos. Aquí tiene, hermana, seguro que le vendrán muy bien...

–Pero ¿cómo es posible? —pregunta extrañada Teresa—. Alguien que conoce "mis proyectos"...

–No sé hermana. Quizá sea un milagro —apunta con naturalidad el clérigo.

Cuando Teresa abre el sobre, encuentra cincuenta rupias. Es la primera muestra de que Dios empieza a bendecir su obra y de que ya no la abandonará jamás.

12
Aprendiz de enfermera

A Teresa no le hubiera importado dormir en la calle, como una pobre más, aquella primera noche; sin embargo no va a ser así. Lo previsto es que, ese mismo día, la "joven misionera" coja un tren rumbo a Patna. De ahí que, a las once y media de la noche, nos la encontremos subida en el vagón de un viejo tren en la estación de Howrah. El porqué de esta decisión se lo ha dado la madre Gertrude esa mañana, antes de dejar Loreto:

–Teresa, hemos pensado que, si a partir de ahora vas a trabajar con enfermos, necesitarás tener algunas nociones de medicina.

–Sí, madre, yo también lo había pensado...

–Tenemos una solución. ¿Qué te parece si pasas una temporada en el hospital The Holy Family de Patna, con las Hermanitas Misioneras Médicas?

–¡Sería maravilloso!, pero, ¿es posible? ¿Me aceptarán?

–Ya está todo arreglado. Mañana mismo saldrás para allá, te están esperando. Además, Teresa, eso te mantendrá alejada un tiempo de Calcuta y evitaremos así que tengas que dar explicaciones a todo el mundo sobre tu nueva situación.

–No sé cómo agradecérselo... Efectivamente, me imagino que nadie va a entender por qué abandono la congregación. Lo lógico es que la noticia provoque un gran alboroto, sin embargo, también estoy segura de que mis hermanas y alumnas me tendrán más presente en sus oraciones.

Patna es una ciudad situada a orillas del Ganges, a unos 500 kilómetros al norte de Bengala. Es la capital del estado de Bihar y cuenta con casi un millón de habitantes. Aquí va a pasar Teresa dos meses antes de empezar a trabajar en el proyecto que Dios le ha encomendado.

El hospital de las Hermanas Misioneras Médicas es un inconfundible edificio blanco situado en las afueras de la ciudad. Cuenta con dos inmensas salas en las que se alinean las camas de los enfermos. A un lado están los hombres; al otro, las mujeres, y en total suman cerca de un centenar. Las mosquiteras cuelgan del techo cubriendo algunas de las camas donde yacen personas de todas las edades. Teresa enseguida se fija en que todo está extremadamente limpio.

–Es fundamental —le explica sor Clara—. Aquí entran personas infectadas por todo tipo de virus. Si no ponemos cuidado en mantener todo impecable, los contagios serían masivos.

–Entiendo.

–Además —añade—, nosotras pensamos que la pobreza nada tiene que ver con la suciedad. Muchas personas lo creen así y es un error. Mantener limpio el cuerpo, las sábanas y todo lo que usa el enfermo, es una manera de tratarles con la dignidad que merecen como seres humanos.

–Claro, es una observación muy sabia.

Los meses que Teresa pasa en Patna le van a servir mucho más de lo que en un principio esperaba. Con la ayuda de todas, aprende a tomar la tensión, a poner inyecciones, a bajar la fiebre, a desinfectar una herida, etc. Descubre lo maravilloso que es aliviar los sufrimientos ajenos y ofrecer consuelo a las personas. Es algo que le llena especialmente. Cuando tiene un enfermo entre sus brazos, apenas tiene que hacer esfuerzo para descubrir detrás de él el rostro de Cristo. ¡Sí!, es Jesús quien sufre, quien llora, quien necesita de su cariño, de sus cuidados.

Cuando, más adelante, Teresa tenga que elaborar las constituciones de las Misioneras de la Caridad,[13] se acordará de todo lo aprendido junto a las Hermanitas Médicas. Por ejemplo, otra de las lecciones la aprende Teresa de sor Inés:

–Hermana Teresa —le dice ésta mientras recogen la ropa sucia en inmensos cestos de mimbre— la veo sin apetito últimamente. ¿Se siente bien?

---

13. Nombre con el que Teresa bautiza a la congregación que ella funda por inspiración divina.

–Sí, hermana Inés...

–Entonces, ¿por qué no trata de comer un poco más?

–La verdad es que no quiero hacerlo. Pienso que no debo acostumbrarme a ello. Si los pobres apenas tienen algo que llevarse a la boca, ¿cómo voy a hacerlo yo? Sería una contradicción. Las Misioneras de la Caridad comerán siempre lo mismo que los pobres: arroz.

–Pues, con todos mis respetos —le contesta sor Inés— sus monjas le van a durar muy poco.

–¿Cómo? —exclama sorprendida Teresa.

–Si usted no alimenta a sus monjas con una dieta equilibrada que las mantenga fuertes para ayudar a los demás y no caer enfermas, no resistirán el ritmo de trabajo.

–Entonces, ¿usted cree que no puedo pedirles eso?

–Es una locura —contesta taxativamente—. Hay otras muchas cosas que uno puede ofrecer a Dios.

–Lo pensaré. Gracias por su consejo. Creo que goza usted de un sentido común aplastante.

Dos meses después, cuando Teresa termina su aprendizaje en Patna, vuelve a Calcuta dispuesta a ponerse a trabajar enseguida.

13
Una escuela debajo de un almendro

Calcuta sigue siendo Calcuta. Allí está, tan inmensa como siempre, flotando en una nube de podredumbre. Sus calles siguen siendo bulliciosas, pestilentes. Los pobres y enfermos siguen sembrando las aceras con su presencia. Pero, para Teresa, Calcuta ya no es la misma. Se siente más segura. Ya no tiene miedo de acercarse a los enfermos que le piden ayuda a su paso. Ya sabe cómo atenderlos, qué hacer y cuándo. Aún así, piensa con frecuencia:

–Por mucho que ahora sepa de enfermería, lo más importante es mi oración. Debo rezar con más fuerza. Eso será lo que saque adelante tu obra, Señor.

A su llegada, el padre Van Exem, su director espiritual, y el padre Julien Henry le recomiendan que se aloje en el convento de las Hermanitas de los Pobres. Teresa acepta sabiendo que se trata sólo de una medida provisional. Y de hecho, así sucede. Unos meses más tarde, el padre Julien Henry va a encontrar otro lugar más idóneo.

El suceso tiene lugar un día en que el sacerdote ha

acudido a visitar a una de las ancianas de su parroquia para administrarle los últimos sacramentos. Se trata de la madre de uno de sus feligreses más queridos: Michael Gomes. Cuando ya sale por la puerta, se le ocurre comentar:

–Por cierto, Michael, ¿no sé si has oído hablar de la hermana Teresa *bengalí*...

–Por supuesto. Fue profesora de una de mis hijas en St. Mary's. Creo que ahora ha dejado la orden para atender directamente a los pobres que viven en las calles.

–Así es. Estoy en contacto con ella y sé que está teniendo problemas para encontrar un lugar donde instalarse... ¿No sabrás de algún sitio?

Cuando Michael Gomes va a contestarle, honradamente, que no sabe de ningún lugar, una de sus hijas, que ha escuchado la conversación, interviene:

–Sí, papá, podría venir a vivir a esta casa. La tercera planta la tenemos completamente vacía.

–Es cierto —afirma el señor Gomes, cayendo en la cuenta—. La ayudaremos.

Así es como, el 14 de febrero de 1949, Teresa se traslada a vivir al número 14 de la Creek Lane, una callejuela céntrica situada en medio de grandes edificios y tugurios de pobreza. La mudanza es sencilla: Teresa sólo tiene que trasladar una pequeña maleta y no necesita más que un par de cajas de madera para acondicionar su nuevo hogar. En menos de una hora, ya está en marcha la primera sede de las Misioneras de la Caridad.

El señor y la señora Gomes enseguida se preocupan por el bienestar de la nueva inquilina.

–Hermana, ¿no necesita nada más? —le pregunta discretamente el señor Gomes.

–¿Un colchón?, ¿una mesa?, ¿una silla?... —añade la señora Gomes.

–Se lo agradezco —les contesta Teresa—, pero con estas dos cajas que hay aquí me apañaré. Sin embargo, me vendría bien tener una vela para cuando anochezca. Es probable que tarde en acostarme.

–Enseguida se la traerá mi hija —se apresura a contestar la señora Gomes—. También le encargaré que le suba algo para cenar.

–Está bien, pero no se preocupen más por mí. Ya han hecho mucho más de lo que yo puedo agradecerles.

Efectivamente, al poco rato sube Judit, una de las hijas pequeñas del señor Gomes, con un pequeño candil y un plato de arroz con pollo. Teresa cena y, después, coloca una pequeña imagen de la Virgen sobre una de las cajas de madera y se recoge en oración. A las cinco de la madrugada todavía arde el candil en la tercera planta de la casa de los señores Gomes. Ya se escucha la llamada a la oración de los primeros almuecines en las mezquitas cercanas. Teresa se incorpora. Está amaneciendo.

Cada madrugada, Teresa sale temprano a la calle, cuando todavía duerme la familia Gomes, y no suele regresar hasta el atardecer. Su destino es Moti Jiḥl. Con ella lleva el almuerzo que le prepara la señora

Gomes: un bocadillo que la mayoría de los días acaba en el estómago de algún pequeño hambriento. Tampoco es extraño que el dinero que reúne para hacer frente a sus más perentorias necesidades termine empleado en medicinas, gasas y pequeños remedios. Rebaña hasta la señal más pequeña de su egoísmo con este desprendimiento que la ayuda a identificarse cada vez más con su vocación de darse a los más pobres.

Hace tiempo que Teresa conoce a las familias que viven en Moti Jihl ya que, con sus alumnas de St. Mary's, lo ha visitado en más de una ocasión y los primeros amigos que Teresa va a hacer en este lugar van a ser los niños. Todo ocurre a los pocos días de volver de Patna, en 1948. Se trata de un grupo de chavales que andan corriendo descalzos sobre los charcos putrefactos de la calle. El más pequeño choca de bruces con Teresa. El niño, haciendo una rápida reverencia, sigue corriendo detrás de los demás. Teresa lo sigue hasta dar alcance al grupo.

–*Namaste*[14] —les saluda— ¿Adónde vais tan deprisa?

–Estamos tratando de cazar una rata, hermana —contesta el mayor de todos, un chaval de siete años sucio de pies a cabeza—. La llevaremos a casa para comer.

–Os propongo otra idea. Mirad este bocadillo que

14. Saludo hindú que significa "buenos días".

tengo aquí —les dice Teresa sacando la comida que lleva envuelta en papel de periódico—. Os lo regalo si, a cambio, vosotros os quedáis conmigo a jugar un rato.

–¡Sí!, ¡sí!... Pero nosotros lo compartiremos contigo —gritan ellos.

–Bien —acepta ella—, nos lo comeremos juntos.

Teresa busca con la mirada un lugar idóneo para sentarse. A lo lejos ve un almendro que les protegerá del sol.

–¡Seguidme!

Los pequeños echan a andar entre risas y trompicones detrás de la monja.

–Sentaos a mi alrededor —les dice mientras los coloca haciendo un semicírculo en el suelo.

–¿A qué vamos a jugar? —pregunta el más pequeño.

–¡Eso!, ¿a qué vamos a jugar?

–Ahora lo vais a ver.

Teresa los mira con una mirada franca y directa.

–Primero, aprenderemos a lavarnos los dientes —les dice sin rodeos.

–Y, ¿qué es eso? —dice el más pequeño.

–Pues esto, idiota —le contesta el mayor enseñado su amarillenta dentadura.

–¡Eso no es un juego!, ¡qué aburrido! —dice otro.

–Sí que lo es..., ¿o es que te has lavado los dientes alguna vez con un cepillo mágico? —les replica Teresa, mientras, saca de su bolsillo un puñado de cepillos nuevos— Estos cepillos son especiales, no hay otros iguales en el mundo pero..., vamos..., que si no queréis probarlos me los llevo...

Los niños miran boquiabiertos la mano de Teresa con los cepillos que ella mantiene bien sujetos.

–A ver —exclama uno—, enséñanoslos.

–¡Sí, sí! —gritan todos—, ¡yo quiero uno!

Ese día Teresa inaugura su primera escuela. Entre bromas, les enseña las primeras letras del alfabeto bengalí. Cuando tiene que escribir algo, Teresa lo hace sobre el polvo. La pizarra es el suelo. Los niños juegan y aprenden.

Al día siguiente, cuando Teresa llega a Moti Jihl sus pequeños discípulos ya la están esperando. Son más que ayer. Y al día siguiente, más. Una semana después, son cerca de cuarenta y Teresa se da cuenta de que debe conseguir unos bancos donde los niños puedan sentarse, y una pizarra. Más tarde, en los meses de verano, con la llegada de las torrenciales lluvias del monzón, también necesitará un lugar donde ponerse a cubierto. Los problemas se irán solucionando poco a poco gracias a la cooperación de todos. Los donativos llegan inesperadamente de los lugares más variados. Pero el motor de esta actividad está en el corazón de Teresa, en la oración de Teresa y en su esperanza en Dios.

Por las tardes, Teresa se dedica a atender a los enfermos del barrio. La necesidad de comprar medicinas es continua y no siempre tiene dinero. Más de una vez entra en la farmacia con una larga lista de medicamentos en la mano. Se la enseña al dependiente y confiesa:

–Señor, esto es lo que necesito, pero no tengo suficiente dinero para pagarle. Le ruego que me los regale. No le pido para mí, sino para un grupo de enfermos a los que nadie quiere..., ni siquiera los han aceptado en el hospital. Le ruego que tenga compasión de ellos.

–Lo siento señora, pero se ha equivocado de sitio. Esto no es un dispensario gratuito. Váyase y déjeme trabajar en paz —le contesta el hombre, incómodo.

Pero, Teresa no se conforma. Toma asiento en un pequeño taburete, saca su rosario, y empieza a rezar. El dependiente sigue atendiendo a sus clientes mirando, por el rabillo del ojo, a Teresa. Ella sigue allí, sin inmutarse; los cinco misterios, las letanías y otras devociones. El dependiente se impacienta: ¿la tendrá enfrente todo el día?

–De acuerdo, de acuerdo. Le haré tres paquetes con esos medicamentos. Serán un regalo de la casa... —balbucea aliviado.

14
Uno más tres son cuatro

El trabajo se multiplica y Teresa no da abasto. La familia Gomes es testigo de sus tribulaciones. Michael Gomes sugiere a su hija de dieciocho años y a su esposa que la acompañen algún día en sus visitas de caridad por los suburbios. Otras veces, va él mismo, sobre todo cuando se prevé que en los recorridos que va a hacer Teresa se va a encontrar con personas agonizando. Pero, ni con su ayuda es suficiente.

El día de San José de 1949, Teresa reza en su habitación, cuando oye que alguien llama a su puerta. Cuando abre, apenas puede creerlo. Allí, frente a ella, se recorta la frágil silueta de una de sus alumnas del St. Mary's. Es Subashini Das, la hija de una acomodada familia bengalí. Hace meses que no la ha visto: desde que dejó Loreto. Teresa no puede contener su alegría y la abraza con fuerza.

–¡Subashini! ¿A qué vienes?

La joven no sabe cómo empezar.

–Hermana, pero..., ¿cómo se encuentra? —le pregunta mirándola de arriba abajo.

–Estoy muy bien, ¿y tú? ¿Cómo me has encontrado?

–Me lo dijo la madre Gertrude. Le dije que tenía que hablar con usted.

–Vienes con algún mensaje para mí...

–Vengo a quedarme con usted —le dice con un gran aplomo.

Teresa no sabe qué contestar. Se alarga el silencio hasta que por fin Teresa dice:

–Tendrás que llevar una vida muy dura. ¿Estás decidida? ¿Podrás aguantar firme?

–Sí, lo sé y estoy preparada.

Teresa le abre su sonrisa, invitándola con un gesto a pasar. Subashini repara en las dos cajas de madera y en la lamparita que ilumina débilmente el crucifijo que cuelga de la pared. ¡Qué pobreza! Sentadas sobre el suelo hablan durante horas y van tejiendo proyectos de generosidad.

–Debes pensarlo bien y rezar antes de decidirte. Esto no lo es todo, ni es lo más importante. Fíjate en tu sari y fíjate en el mío. Tendrás que ser pobre y vivir como los pobres —le explica Teresa.

–Ya lo he hecho, hermana, he rezado, y vengo a quedarme.

–Piénsalo una vez más. Yo rezaré por ti para que Dios te ilumine. Si dentro de un tiempo sigues pensando lo mismo, vuelve de nuevo.[15]

---

15. José Luis González-Balado, *El sari y la cruz* (Ediciones Paulinas, Madrid, 1987)

Después que Subashini se marchara, Teresa no puede contener más su emoción.

–Jesús mío, qué bueno eres. ¡Me la has enviado! Has cumplido la promesa que me hiciste. Gracias, Señor, gracias...[16]

Por supuesto que Subashini volvió, convirtiéndose en la primera vocación de lo que, en breve, va a ser la orden de las Misioneras de la Caridad. Y, además, para dar muestras de su decisión, Subashini se presenta vestida con un sari de tela más humilde que el que llevaba en la otra ocasión. Cuando le llegue el momento, Subashini cambiará su nombre por el de hermana Agnes (Inés), en recuerdo del nombre inicial de Teresa.

Y, detrás de Subashini Das vinieron otras. Dos semanas después llegó Magdalena Gomes, seguida de Dorothy, Margaret, Mary y Bernard. Algunas eran antiguas alumnas de Loreto que, interesadas por el paradero de la hermana Teresa, siguieron su estela de abnegación y sacrificio al servicio de los más pobres de entre los pobres.

Teresa asiste al crecimiento de su proyecto. Exulta de alegría:

"Os alegraréis de saber que tengo ya tres compañeras, llenas de celo y trabajadoras. Atendemos cinco barrios miserables diferentes durante varias

---

16. Edward Le Joly, *La Madre Teresa: "Lo hacemos por Jesús"* (Ediciones Palabra, 1987)

horas. ¡Cuánto sufrimiento! ¡Qué necesidad de Dios! Y, sin embargo, somos tan pocas para llevar tanta gente a Nuestro Señor... Tendrías que ver sus rostros anhelantes, su alegría cuando ven llegar a las hermanas... ¡Cómo brillan sus ojos! Aunque estén sucios, desarrapados o desnudos, sus corazones ansían un poco de amor... Confío en vuestras oraciones. Pedid a Nuestro Señor que nos envíe más hermanas. Aquí, en Calcuta, habría trabajo para todas, aunque fuésemos veinte..."[17]

Allí, en el piso de Creek Lane 14, crece, poco a poco, la pequeña comunidad. Todas siguen el mismo horario de trabajo. A las ocho de la mañana, las hermanas salen a la calle a atender a los enfermos y desamparados, y no regresan hasta la hora del almuerzo. Por la tarde reina un silencio total en la casa. Las hermanas tienen clases, estudio y charlas de formación. Después de la cena, es la hora de la concordia y la fraternidad y, ¿por qué no?, también de las canciones. La terraza de la casa es cocina, lavadero y sala de costura. Tras las tareas domésticas, la oración en su pequeña capilla: un hilo de oro para cerrar el día.

Teresa, además, debe dedicar tiempo a contestar las cartas que le llegan y a redactar las constituciones de las Misioneras de la Caridad. Todo parece indicar

17. Edward Le Joly, *La Madre Teresa: "Lo hacemos por Jesús"* (Ediciones Palabra, 1987)

que, en breve, la Santa Sede puede aprobar la nueva congregación. Y así será. El 7 de octubre de 1950, fiesta de Nuestra Señora del Rosario, las Misioneras de la Caridad son reconocidas como orden religiosa por la Iglesia Católica.

"Madre Teresa" se queda muchas veces trabajando cuando las demás ya se han acostado. Como cuando era una niña de doce años, le sigue gustando acompañar a Jesús en esas horas en que está más sólo, por eso no es raro encontrarla muy de madrugada junto al sagrario que han instalado en una habitación contigua a su residencia. Teresa pide:

–Padre, permite que Tu Hijo pueda ser glorificado a través de estos instrumentos inútiles, pues para Él, para su gloria, trabajamos, sufrimos y rezamos. Todo lo hacemos por Jesús; nuestra vida carecería de sentido sin Él. Que los hombres te conozcan. Que podamos llevarte a Ti a aquellos que encontramos en nuestro camino, a aquellos por quienes trabajamos, a quienes nos ayudan, a quienes mueren en nuestros brazos, a quienes acogemos como Jesús acogía a los niños que bendecía, a los enfermos que curaba, a los tristes que consolaba.[18]

---

18. Edward Le Joly, *La Madre Teresa: "Lo hacemos por Jesús"* (Ediciones Palabra, 1987)

15
El hogar del moribundo

El 21 de junio de 1952 llueve en Calcuta. Pero no llueve de cualquier manera: llueve torrencialmente. Es el monzón que cada año baldea brutalmente las sucias calles de la ciudad. La gente salta de charco en charco para acudir al trabajo o comprar algo de comida. Hay grupos de niños, casi desnudos, que chapotean en el agua entre risas.

Como cada mañana, la Madre Teresa ha cogido el tranvía para trasladarse a los barrios más pobres. Está mirando por la ventana cuando descubre que allí, en plena calle, hay una persona tirada en el suelo. A su lado pasan los transeúntes sin reparar en ella. Todos tienen demasiada prisa para darse cuenta de que "aquello" es un ser humano. La Madre Teresa se apea en la siguiente parada y, corriendo bajo la lluvia, acude hasta aquel lugar. Allí, tirada debajo de un árbol y empapada de arriba abajo encuentra a una mujer. Tiene el cuerpo roído por las ratas y está agonizando. La Madre Teresa la toma en sus brazos y corre hasta el hospital más próximo.[19]

–¡Por favor, ayúdenme! Esta mujer estaba agonizando en plena calle. Necesita una atención médica urgente.

–Lo siento, hermana —contesta el enfermero que atiende la puerta—. Hay miles como ésa. No hay hospitales suficientes en Calcuta para atenderlos a todos.

–Pero, por favor, si no me ayudan morirá...

–Lo siento hermana, saque a esa mujer de aquí, está interrumpiendo la salida. En este centro sólo se atiende a personas con posibilidades de curación y esa ya está más muerta que viva. ¡Puf! ¡Qué mal huele! ¡Váyase!

Teresa casi no puede creer lo que está oyendo. Tomando de nuevo a la mujer en sus brazos sale al temporal y se encamina hacia otro hospital cercano. Pero la escena se repite. Cuando vuelve a encontrarse en la calle, se da cuenta de que la persona que tiene entre los brazos ha muerto.

Aquella tarde, cuando regresa junto a sus hijas, la Madre Teresa comenta con profundo dolor lo sucedido:

–Lo que no consienten ni para sus animales domésticos, lo consienten para los seres humanos...[20] Tenemos que hacer algo por estas personas. Buscarles

---

19. Lush Gjergji, *Mother Theresa*, (Editrice Velar, 1990)
20. José Luis González-Balado, *El sari y la cruz* (Ediciones Paulinas, Madrid, 1987)

un lugar donde puedan morir en paz y dignamente.

–Sí, madre. Busquemos un lugar. ¡Hay tantas personas abandonadas! Nosotras podríamos acogerlas con cuidado y cariño.

–Mañana mismo iré al ayuntamiento y pediré un lugar al alcalde. Rezad. Él nos tiene que ayudar.

A las ocho y media de la mañana, cuando se abre el portón del ayuntamiento de la ciudad, la Madre Teresa ya está allí esperando pacientemente. Todavía tendrá que aguardar dos horas hasta ser recibida.

–Señor alcalde, usted sabe la cantidad de personas sin hogar que alberga nuestra ciudad. Nosotras encontramos cada día a docenas de personas desahuciadas que mueren en nuestras calles sin que nadie les preste atención. Nosotras estamos dispuestas a acogerlas y a permitirles que mueran rodeadas de amor. Pero, necesitamos un lugar donde albergarlas. Vengo a pedirle que nos proporcione ese lugar.

–Sí, claro..., pero... el ayuntamiento no puede implicarse en este momento en un proyecto como ese. ¡Tenemos miles de problemas! Me imagino que necesitarán médicos, medicinas, instrumental...

–Usted deme el local que yo me encargaré de lo demás —insiste la Madre Teresa.

–Bien, veremos qué se puede hacer.

A las pocas semanas, la Madre Teresa vuelve con una buena noticia:

–¡El alcalde ha contestado que sí! —dice a sus hijas con alegría— Nos ofrece elegir entre dos lugares: uno situado en una zona céntrica y bastante tranquila.

–¿Y el otro? —pregunta Dorothy.

–El otro es una residencia para peregrinos situada junto al venerado templo de la diosa Kali, en Kalighat.

–¿Cuál elegiremos, Madre? —preguntan todas.

Teresa no lo duda un momento. Para ella el asunto está muy claro.

–Nos quedaremos con el segundo.

–Pero, Madre, ocupar el templo de Kali puede traernos problemas... Los hindúes lo interpretarán como una violación de un lugar sagrado —apunta Subashini.

–Sí, lo sé —contesta ella—, pero no se trata del templo, sino de unas dependencias anexas. Además, está situado en un lugar muy concurrido: son miles los peregrinos que acceden diariamente a visitar a su divinidad.

–Eso es cierto —reconoce Subashini.

–Y no es todo —añade la Madre Teresa—. Lo más importante es que pienso que muchos de los moribundos hindúes que acogeremos, agradecerán profundamente poder morir cerca de su diosa Kali y ser incinerados en las pilas erigidas delante de su altar.

Así, el 22 de agosto de 1952, nace el hogar del moribundo abandonado, al que la Madre Teresa bautiza con el nombre de Casa del Corazón Puro, en bengalí *Nirmal Hriday*.

Pero, las cosas no van a ser fáciles al principio. Efectivamente, a algunos la idea no les va a gustar.

Los primeros en protestar son los traficantes y vagabundos que utilizaban ese local para sus negocios sucios. Son ellos los que piden a la policía que se eche a aquella monja de allí. De hecho, una mañana, el jefe de la brigada policial tiene que acudir en persona a inspeccionar las actividades de las hermanas. Después de pasar un día con ellas, fijándose bien en todos los detalles, sale a la calle, donde le espera la muchedumbre entre gritos e insultos.

–¡Fuera la monja católica! —gritan unos.

–¡Quiere robarnos nuestro templo! ¡Es una profanación de la casa de Kali! —gritan otros.

–¡Matémosla a ella y a las que la ayudan!

El jefe de la brigada policial pide silencio y, poco a poco, se van acallando las voces. Entonces habla:

–Os prometí echar de allí a esa mujer y estoy dispuesto a cumplir mi palabra, pero no será sin que antes convenzáis a vuestras madres o hermanas para que hagan lo que hacen esta monja y sus seguidoras.

Y así queda zanjado el asunto.

Pero, no acaban los problemas. También a los encargados de mantener el templo de la diosa Kali les parece indignante que una monja católica esté trabajando casi en el mismo templo hindú y la acusan de estar bautizando a todos los enfermos que caen bajo su techo. Para obtener pruebas, encargan a uno de ellos que espíe la actividad de las monjas. La situación no puede ser más tensa.

Sin embargo, el asunto también se soluciona a raíz de un suceso: la grave y contagiosa enfermedad de uno de los miembros de la secta. Entonces, sus compañeros lo abandonan y el infeliz no tiene más remedio que acudir a pedir ayuda al Hogar del Moribundo. Allí es cuidado con mil atenciones por las hermanas. Ninguna muestra repugnancia ante su grave enfermedad. El hombre queda conmovido y, cuando se recupera increpa a sus "amigos":

–Hasta ahora he servido a la diosa Kali representada en una efigie. Os aseguro que ésta es la diosa Kali en persona.

Teresa no se extraña de que, al final, todos los problemas se solucionen. Su gran aliado no es de este mundo, Dios la sostiene permanentemente y ella está iluminada por la esperanza. Ya son miles y miles las personas que han pasado por Nirmal Hriday y todas son tratadas fraternalmente. Teresa se lo recuerda a sus hermanas cada día:

–Detrás de cada una de las personas que ayudáis está Jesús que agoniza. Las llagas que laváis son las suyas, las heridas que limpiáis son las suyas. Ved más allá de las apariencias.[21]

Muchos de los enfermos, además, se curan: sólo el dieciséis por ciento de las personas que se atienden mueren. E incluso éstos lo hacen en paz porque se les respeta y se les ama. En Nirmal Hriday, cada uno es

21. José Luis González-Balado, *Madre Teresa de Calcuta: Mi vida por los pobres* (Ediciones Temas de Hoy, Madrid, 1992)

tratado con infinito respeto a sus creencias.[22] Los hindúes serán rociados con el agua del Ganges, los musulmanes mueren escuchando versos del Corán, y los católicos, que son los menos, reciben los últimos sacramentos. Teresa sabe que por encima de todo está la libertad que Dios nos ha dado a cada uno. Alguno ha formulado su propio epitafio en estos términos:

–He vivido todos estos años como un animal, por las calles. Ahora voy a morir como un ángel, rodeado de amor y de cuidados.[23]

22. Morihiro Oki, *Madre Teresa, amor sin límites* (Ediciones Encuentro, 1997)
23. Lush Gjergji, *Mother Theresa*, (Editrice Velar, 1990)

16
Ya no caben en casa

Cada día llega más gente con espíritu de compromiso a Creek Lane 14, tras las huellas de la Madre Teresa. Como era de esperar, el sitio empieza a quedarse pequeño. Al principio, todas hacen lo imposible por hacer un hueco a las recién llegadas, pero se hace inevitable buscar otro lugar más grande. Y va a ser el padre Henry quien dé con él.

Un día, leyendo el periódico, descubre que está en venta una casa en el mismo barrio. La examina. Es un inmueble espacioso: tres plantas y un patio interior. Además, se trata de la propiedad de un juez musulmán jubilado que, al enterarse de que la interesada en comprarla es la Madre Teresa, promete que la dejará a buen precio. El padre Henry sale feliz de la entrevista.

–¿Y qué vamos a hacer con una casa tan grande? —pregunta la Madre Teresa—. ¡Tres plantas! Nos sobrará sitio...

–Sí, Madre, pero sólo al principio. Verá como enseguida la casa vuelve a quedarse pequeña. Dios está dando muestras de que está dispuesto a hacer crecer la congregación a gran velocidad. No rechace esta oportunidad, por favor...

–Bien, de acuerdo, si es la voluntad de Dios la aceptaremos. Aunque supongo, padre, que se habrá dado cuenta de que tenemos un problema.

–¿El dinero? —dice el padre Henry.

–Sí, exactamente, el dinero. Tardaremos mucho tiempo en reunir lo necesario para pagar el nuevo inmueble.

–¡Ese problema ya está solucionado! He hablado con el arzobispado y están dispuestos a prestarle lo que necesite —dice con gran alegría.

–Bien, veo que no ha dejado ningún cabo suelto —concede la Madre Teresa con resignación—. Entonces, ¡adelante!, las deudas contraídas para dar gloria a Dios, para servir a sus criaturas, nunca me han preocupado, así que tampoco ahora lo harán. ¿Cuándo vamos a ver la nueva casa, Madre?

Los trámites se agilizan al máximo y, en cuanto todo está listo, las veintiocho mujeres con las que cuenta las Misioneras de la Caridad se trasladan a vivir a la calle Lower Circular Road 54, a diez minutos andando de la parroquia de Santa Teresa, donde la Madre Teresa había abierto un dispensario gratuito, y a veinte de su antigua casa en Creek Lane. Entre esas cuatro paredes se forman a partir de ahora las novicias que llegan a la congregación. Ocupan tres plantas que formaban parte de un pequeño conjunto de edificios construidos alrededor de un patio presidido

Entrada de la casa de la Madre Teresa en la calle Lower Circular Road, 54

por una imagen de la Virgen Milagrosa. Corre el año 1953.

Como había augurado el padre Henry, la casa no tarda en llenarse. Llegan jóvenes de todas las ciudades de la India. Muchas de ellas son estudiantes universitarias o profesionales que han desempeñado su trabajo en sectores tan valorados como la comunicación, la medicina o el derecho. La Madre Teresa dedica muchas horas al día a su formación. Quiere que todas reciban una seria y sólida preparación espiritual. Para ello, habla con cada una personalmente y les imparte clases cada día. Cuando el número de novicias sea demasiado elevado, se apoyará en la ayuda de la hermana Inés y de la hermana Federica.

Cada día, la madre instruye a las nuevas postulantes en pequeños grupos. Las novicias, vestidas con sus saris blancos, siempre impecables, se sientan en el suelo en torno a la fundadora, y escuchan con atención. Ella insiste con frecuencia en las ideas más importantes de su espiritualidad:

–Si el día en que tropecé por primera vez con aquella anciana que tenía el cuerpo medio roído por las ratas, me hubiese tapado la nariz para evitar el hedor y hubiese proseguido mi camino, alejándome, no hubiese sido una verdadera Misionera de la Caridad. Volví sobre mis pasos, cargué con ella sobre mis hombros y la llevé al hospital. Si no lo hubiera hecho, la congregación hubiese muerto al poco de nacer. Hay que corresponder a las llamadas del Señor por difíciles que sean. Sentir a veces

repugnancia no deja de ser muy humano. Si, a pesar de ello, brindamos nuestro servicio gratuito y de todo corazón, estamos en el buen camino para llegar a ser santas.[24]

–Madre, yo siento dolor cuando veo sufrir a los enfermos... —confiesa una novicia.

–Es normal, hija, hemos de amar a las personas hasta sentir dolor. Sin embargo, nunca olvides que no es lo mismo sufrir con ellas que permitir que te invada la tristeza. *Hemos de estar siempre alegres. La alegría es oración. La alegría es fuerza. La alegría es amor. Un corazón alegre es el resultado más normal de un corazón encendido de amor. Jamás consintáis que nada os embargue de tal suerte de tristeza que llegue a haceros olvidar la alegría de Cristo resucitado.*[25]

–Madre, algunas personas nos critican porque distribuimos comida gratuitamente a los pobres. Dicen que así les viciamos... —comenta otra.

–A esas personas debes contestarles que Dios todopoderoso es el primero que nos vicia, dándose gratuitamente a todos nosotros. ¿Por qué no hemos de imitarle dando gratis a los pobres lo que hemos recibido gratis?[26]

---

24. José Luis González-Balado, *Madre Teresa de los pobres* (Planeta Testimonio, Barcelona, 1997)
25. José Luis González-Balado, *Madre Teresa de Calcuta: Mi vida por los pobres* (Ediciones Temas de Hoy, Madrid, 1992)
26. Edward Le Joly, *La Madre Teresa: "Lo hacemos por Jesús"* (Ediciones Palabra, Madrid, 1987)

–¿Y por qué habiendo tanta gente que pasa hambre nosotras tomamos cuatro *chapattis*[27] en lugar de tres *chapattis*? —Se arma un pequeño revuelo.

–Sí, Madre, ¿por qué? No es justo...

–Es muy sencillo —contesta la Madre Teresa—, *no puedo permitir que, por falta de fortaleza física, contraigáis la tuberculosis, como ocurre en otras congregaciones. Vosotras debéis comer todo lo que se os sirve, sin remilgos, con sentido de sacrificio y de obediencia.*[28]

–Pero con tres *chapattis* sería suficiente, Madre...

El revuelo no cesa. La Madre Teresa permanece en silencio. Al finalizar la clase, se retira a la capilla. Aquello de los *chapattis* la ha dejado intranquila. Lo medita en la oración durante largo rato. Y aquella misma tarde tiene la respuesta al "problema". Una de las hermanas anuncia su decisión:

–La Madre ha resuelto el asunto de los *chapattis*: en vez de cuatro, tomaremos cinco...

Las jóvenes que quieren ser admitidas en las Misioneras de la Caridad, además de formarse en lo esencial de la vida religiosa, tienen que haber podido trabajar junto a los enfermos, dándoles ejemplo del amor de Cristo. Es lógico que, para muchas, ésta sea una experiencia tan dura como inusual. Deben conocerla de cerca y sin ambages ya que, en el momento

---

27. Pan sin levadura típico de algunas regiones de la India.
28. Ibíd. nota 26.

en que decidan seguir adelante, ése será su cometido diario. No todas lo resisten, pero muchas sí, y encuentran en la prestación de este servicio una desconcertante y profunda alegría.

Una noche, una novicia irrumpe en el despacho de la Madre Teresa. La joven no puede contenerse un momento más y rompe a llorar.

–¿Qué ocurre? —le pregunta la Madre Teresa con tranquilidad.

–Madre, acabo de llegar de atender a una familia... Nunca he visto tanto sufrimiento. En aquella casa carecen de todo. Frente a una enfermedad terrible me he encontrado totalmente desarmada.

–Hija, yo también ante el sufrimiento de los seres humanos, me siento profundamente desvalida e incapaz. Entonces, lo único que sé decir a esas personas es: "¡Dios te ama! Esto es una señal de que te encuentras muy cerca de Jesús en la Cruz, hasta el punto de que Él se inclina hacia ti para besarte". —Le explica la Madre, y prosigue—: *Recuerdo que le dije esto una vez a una mujer que se estaba muriendo de cáncer, rodeada de sus criaturas, todavía de tierna edad. No logré percibir con exactitud cuál era el motivo principal de su agonía: si tener que dejar abandonados a sus hijos o la enfermedad física de su cuerpo. Le dije: "Esto es un símbolo de que estás tan cerca de Jesús en la Cruz que Él puede compartir contigo su Pasión y acogerte entre sus brazos". Aquella mujer entrecruzó sus manos y dijo: "Madre, dígale a Jesús que*

*no deje de besarme". —*Y añade—: *¿Lo entiendes?*[29]

–Sí, Madre.

–Pues adelante. *Jesús nos amó con dolor, hasta el punto de morir por nosotros. Y hoy nos ha llegado, a mí y a vosotras, el turno de amarnos los unos a los otros como nos amó Jesús. No debemos tener miedo a decir sí a Jesús.*[30]

Pero la formación de las hermanas es una tarea que también proporcionará considerables disgustos a la Madre Teresa. No es extraño por lo tanto que cuando el padre Edward Le Joly sea nombrado por el obispo nuevo director espiritual de las Misioneras de la Caridad, su fundadora le haga, delicadamente, alguna advertencia.

–Por favor, no interfiera en la marcha de la casa. ¿Sabe?, ha habido sacerdotes que querían que cambiase determinadas cosas. Uno, por ejemplo, se empeñó en que las hermanas tuvieran ventiladores en el cuarto de estar y en la capilla, pero los pobres a quienes sirven no disponen de ellos. Además, muchas de las novicias proceden de medios rurales, donde tampoco los tienen. ¿Iban a gozar de más comodidades aquí que en sus lugares de origen?... Y eso es sólo un ejemplo... Por favor, no interfiera en las costumbres de la casa.[31]

---

29. José Luis González-Balado, *Madre Teresa de Calcuta: Mi vida por los pobres* (Ediciones Temas de Hoy, 1992)
30. Ibíd.
31. Edward Le Joly, *La Madre Teresa: "Lo hacemos por Jesús"* (Ediciones Palabra, Madrid, 1987)

–No intervendré en las cosas materiales —contesta el padre Edward Le Joly—. He venido para aconsejar en temas espirituales; ése es mi territorio, no lo rebasaré. —Y añade—: En este sentido, ¿qué es lo más importante, Madre?, ¿en qué quiere que insista?

–Se lo agradezco profundamente —contesta la Madre Teresa—. *Uno de los puntos esenciales de nuestro espíritu es que las hermanas tengan un amor hondo, personal, al Santísimo sacramento, de tal forma que encuentren a Jesús en la Eucaristía. Así podrán encontrarle también en el prójimo y servirle en los pobres. Además, padre, le rogaría que se mantuviera fiel a las enseñanzas de la Iglesia.*[32]

–Eso no lo dude.

Más adelante, en 1976, la Madre Teresa querrá ofrecer a sus hijas la posibilidad de escoger, en determinados momentos de su vida, la opción de consagrarse enteramente a la oración, fundamento esencial de su trabajo.[33] Para las Misioneras de la Caridad que quieran encerrarse en la clausura, la madre creará la rama de contemplativas dentro de la misma congregación. Será la hermana Nirmala, superiora de la orden desde la muerte de la Madre Teresa en 1997, la encargada de dar forma a este proyecto que verá la luz en un barrio de Nueva York: el Bronx.

32. Edward Le Joly, *La Madre Teresa: "Lo hacemos por Jesús"* (Ediciones Palabra, Madrid, 1987)
33. Madre Teresa de Calcuta, *Palabras Blancas* (Ediciones Obelisco, 1994)

17
Dadme los niños a mí

Corre el año 1955 y el trabajo no sólo no se acaba sino que, además, se multiplica a pasos agigantados. Madre Teresa sigue abriendo nuevas casas en Calcuta. Una de ellas, a pocos metros de la casa central. Se trata de un ambicioso proyecto que, como los anteriores, viene a brindar apoyo a los seres más indefensos y maltratados de la sociedad: los niños abandonados.

La idea surgió un día en que la Madre Teresa se encontraba, con una de sus hijas, recogiendo el cuerpo enfermo de una mujer en un vertedero de basura. Murió a los pocos minutos: estaba cubierta de lepra. De repente, escucharon unos débiles sollozos. Miraron a su alrededor y descubrieron que allí, junto al cuerpo de la mujer, había un niño muy pequeño, envuelto en unos trapos.[34] Se llevaron a los

34. Madre Teresa de Calcuta, *Palabras Blancas* (Ediciones Obelisco, 1994)

dos. Y, mientras volvían a casa, la hermana Clare preguntó a la Madre Teresa:

–Madre, ¿qué haremos con este pequeño?

La Madre Teresa no lo duda un momento:

–Se quedará con nosotras... Ya buscaremos un lugar...

Y al rato, añade:

–Necesitamos un hogar para todos los niños que han sido abandonados y se encuentran solos. Cada uno de esos pequeños es la viva imagen del Niño Jesús. No podemos quedarnos indiferentes...

El ímpetu de la Madre Teresa no tarda en imaginar una solución al problema. Un día, al regresar a casa, comenta a una de las hermanas:

–Una señora me ha pedido que rece por su esposo, para que deje de beber. Toma una botella de whisky al día y le cuesta noventa rupias... He pensado que si ese señor puede gastarse diariamente ese dinero en bebida, yo también podría pagar quinientas rupias al mes por el alquiler de esa casa en Lower Circular Road. Y la voy a alquilar, para convertirla en hogar infantil. Estoy segura de que Dios, en su providencia, cuidará de que el proyecto salga adelante.[35]

–Pero, Madre, no entiendo dónde ve usted la relación... —comenta perpleja la hermana.

–Es que no la hay, hija, pero a mí el suceso me lo ha sugerido.

35. Edward Le Joly, *La Madre Teresa: "Lo hacemos por Jesús"* (Ediciones Palabra, Madrid, 1987)

Así nació *Shishú Bhavan*: el hogar de los niños abandonados. Allí llegan pequeños de las procedencias más diversas: niños que deambulan por las calles sin hogar, niños recién nacidos cuyas madres, tras el parto, los han abandonado en un cubo de basura, niños enfermos o con minusvalías. Un importante porcentaje de los menores acogidos por las Misioneras de la Caridad son niñas. Nacer mujer en la India es casi una maldición para la familia, ya que los padres deben dedicar gran parte de su riqueza a preparar la dote para el matrimonio de su hija. Esto en una familia pobre es impensable y algunas optan por abandonar a la pequeña nada más nacer.

A partir de este momento, son cientos las personas que bloquean cada día la entrada de *Shishú Bhavan*, con la esperanza de encontrar ayuda. Por ejemplo, una noche, cuando las hermanas ya duermen, suenan unos golpes en la puerta principal. La hermana Isabel se despierta sobresaltada, se levanta y acude sigilosamente a la llamada, tratando de no despertar a las demás. Cuando abre el pesado portón que las mantiene seguras durante la noche, vislumbra frente a ella el perfil de una mujer joven. Trae entre sus brazos un bebé de pocos días.

–Acércate —le invita la hermana Isabel.

La mujer hace ademán de avanzar pero se detiene.

–No puedo, hermana. Estoy contaminada por la lepra. Me quedan pocos días de vida. Por favor, ¡háganse cargo de este hijo mío!

Puerta y fachada de la Casa de Adopción en la India.

–No te preocupes, mujer —le contesta la monja—, no tengo miedo a tu enfermedad. Ven, nosotras cuidaremos de él y también de ti. Estarás cerca de tu hijo mientras puedas hacerlo y él no corra peligro. No te separaremos del pequeño. —Después, cogiendo a la mujer de las manos añade— Vuelve mañana temprano, te estaremos esperando.

Efectivamente, al día siguiente la mujer es ingresada en uno de los hogares de las Misioneras de la Caridad. Allí recibirá los cuidados necesarios para evitar que la recta final de su vida sea demasiado dolorosa. Hasta su muerte, aquella heroica mujer hará diariamente un recorrido de cuatro o cinco kilómetros para ver a su hijo que crece, sano y fuerte, en *Shishú Bhavan.* Sin atreverse a tocarlo, dice a la Madre Teresa:

–Madre, ver que usted quiere tanto a este hijito mío me hace tan feliz... A pesar de no tenerlo entre mis brazos, sé que lo dejo en el sitio donde le atenderán mejor cuando yo falte.

La Madre Teresa abraza a todos los niños que llegan al hogar, les ofrece cariño y comprensión y, cuando lo considera oportuno, les busca una familia en la que puedan crecer y desarrollarse armónicamente. La madre es consciente que ése es el entorno más idóneo para un pequeño. El sistema de adopción de las Misioneras de la Caridad, que actualmente se encuentra muy desarrollado, surge en estos momentos como iniciativa de algunos padres deseosos de tener un hijo.

–Hay algunos matrimonios que se han acercado a *Shishú Bhavan* dispuestos a hacerse cargo de los pequeños. Quizá podríamos dárselos en adopción —comenta un día la Madre Teresa a una de sus colaboradoras.[36]

–Sí, hay muchas familias que serían felices de poder ayudar.

–Pues entonces lo haremos.

–Pero, quizá esas familias no quieran acoger a algunos de ellos: los que están enfermos o han nacido con alguna deformidad...

–Pues si nadie los quiere, esos se quedarán con nosotras. Además, procuraremos encontrarles unos padres que los apadrinen y les aseguren, al menos, una buena educación.

Afortunadamente, la generosidad de los matrimonios indios va a ir más allá de lo esperado. Muchos de ellos colaboran aceptando el niño que la Madre Teresa les encomienda: esté sano o enfermo, sea guapo o feo, niño o niña. Por ejemplo, uno de estos pequeños fue acogido por una familia india de clase alta y muy adinerada. A los pocos meses, el niño enfermó gravemente. Los médicos vaticinaron un desenlace patético: el chaval se quedaría paralítico. En cuanto la Madre Teresa —que jamás se desentendía de sus pequeños— se enteró de la noticia acudió a visitarlos. Encontró a los padres tan apesadumbrados, que se vio en la obligación de sugerirles:

---

36. Los colaboradores de las Misioneras de la Caridad son seglares que ayudan a la Madre Teresa a través de sus oraciones, sufrimientos y apoyo económico. Son más de 300.000 en todo el mundo y constituyen, desde 1969, la Asociación Internacional de Colaboradores de las Misioneras de la Caridad.

–No se preocupen, nosotras nos haremos cargo de esta criatura. Devuélvannoslo y les encomendaremos el cuidado de otro que esté sano.

El padre la miró y dijo:

–Ni hablar, antes prefiero que me maten a mí que permitir que se lleven a este niño de mi lado.[37]

La labor de las Misioneras de la Caridad va siendo cada vez más conocida. Personas de todas las razas, ideologías y religiones elogian el trabajo de la Madre Teresa e incluso le brindan apoyo económico para sus proyectos. No es extraño, por lo tanto, que la propia Indira Gandhi[38] se muestre interesada por conocer de cerca alguno de sus hogares. Cuando la Madre Teresa explica a la señora la labor que se hace desde *Shishú Bhavan*, ésta exclama:

–¡No! Eso es imposible.

La Madre Teresa le contesta:

–Lo estamos haciendo. Luego, debe ser posible.

–Eso es algo asombroso, sobre todo teniendo en cuenta que de acuerdo con la doctrina social de las castas de nuestro país, tanto ustedes como los niños pertenecen a la categoría de los "intocables"... —afirma uno de los funcionarios que acompaña a la presidenta, y pregunta— ¿existen realmente familias dispuestas a aceptar a esos niños?

---

37. José Luis González-Balado, *El sari y la cruz* (Ediciones Paulinas, Madrid, 1987)

38. Indira Gandhi, hija única de Nehru, primer ministro de la India desde su independencia, en 1947, hasta su muerte en 1964, desempeñó ese mismo cargo desde 1966 hasta 1977, y de 1980 a 1984, en que fue asesinada.

–*Las hay* —le responde la Madre Teresa—. *Además, como usted bien sabe, según la legislación india, el niño tomado en adopción asume un parentesco de carne y sangre con la familia que lo ha adoptado, un parentesco más estrecho que en cualquier otro país del mundo. Este es uno de los mayores milagros que ha obrado Dios.*[39]

Más adelante, la Madre Teresa tendrá que enarbolar la bandera en defensa de la infancia en muchas ocasiones. Por ejemplo, una de sus principales preocupaciones será la cantidad de abortos que se realizan en el mundo y, especialmente, en la India. Éste será, sin ir más lejos, uno de los temas que abordará a raíz de la recepción del premio Nobel de la Paz en 1979. Entonces, la Madre Teresa dijo:

–*¡No los matéis! ¡Dádmelos a mí! Muchas personas están muy preocupadas por los niños de la India, o por los de África, donde muchos mueren, quizá de desnutrición y de hambre, entre otras cosas; pero millones mueren deliberadamente por voluntad de la madre. Si una madre es capaz de matar a su propio hijo, ¿qué es lo que nos queda?*[40]

Efectivamente, todas las noches, las Misioneras de la Caridad dirigen un ruego a las clínicas y comisarías de policía, lo mismo que a los hospitales de la India:

---

39. José Luis González-Balado, *Madre Teresa de Calcuta: Mi vida por los pobres* (Ediciones Temas de Hoy, Madrid, 1992)
40. Véase Edward Le Joly, La Madre Teresa: "Lo hacemos por Jesús" (Ediciones Palabra, Madrid, 1987)

–Por favor, no hagan desaparecer a ningún recién nacido. Nosotras nos haremos cargo de ellos.

La Madre Teresa está dispuesta a hacerse cargo de esas criaturas no sólo de palabra, sino en la práctica. Como en el caso de aquella mujer india con doce hijos, el último de ellos afectado de una deficiencia mental. Como eran tantas las dificultades económicas de aquella familia, la Madre Teresa se ofreció a acoger al pequeño en *Shishú Bhavan*. Cuando la madre escuchó la idea, le contestó entre lágrimas:

–¡Por Dios, Madre, no diga eso! ¡No lo diga! Este hijo constituye para mí y para mi familia el mayor regalo de Dios. Todo nuestro cariño está centrado en él. Si se lo lleva, nuestras vidas quedarán vacías.[41]

41. José Luis González-Balado, *El sari y la cruz* (Ediciones Paulinas, Madrid, 1987)

18
Sin miedo a la lepra

La lepra. Sólo su nombre es capaz de provocar en el indio un profundo sentimiento de repulsión y de miedo. Actualmente, aún afecta a más de dos millones de personas en el país. El leproso es marginado, obligado a abandonar a su familia y a vagar con su maldición por las calles, hasta que encuentre la muerte en algún rincón. Abandonados, tienen la soledad como única compañera.

Desde 1948 aproximadamente, la Madre Teresa va a prestar a los leprosos una especial atención. Ellos van a ser uno de los principales destinatarios de su comprensión y de su cariño.

–¡Hermana Inés!, ¡no se retrase o llegaremos tarde!...

–Discúlpeme, Madre. No encontraba las gasas y apenas si nos queda algo de yodo.

–No importa hermana, coja lo que tenga y vámonos. De camino pasaremos por el hospital y quizá quieran darnos algo. Y, en cualquier caso, siempre podremos hacer algo por ellos, aunque sólo sea darles un poco de amor.

Las dos monjas se adentran por las calles de la ciudad. Buscan enfermos de lepra. Es fácil distinguirlos. A veces ellos mismos tocan una pequeña campana para avisar a los transeúntes que se acercan. Otros, se ocultan entre las ruinas de las casas o bajo los puentes. Muchos, hurgan, como perros famélicos, en los basureros de la urbe, buscando entre los desperdicios algo que llevarse a la boca.

Allí mismo son atendidos por las dos religiosas, que llegan pertrechadas de lo que han venido a llamar "clínicas móviles", y que no es más que eso: dos hermanas que se desplazan en los escasos y abarrotados transportes públicos de Calcuta, o a menudo a pie, con un botiquín mínimo para prestar asistencia sanitaria a estos enfermos a los que nadie se arriesga a acercarse.

Hay un hombre tendido bajo un carro. Revolotean las moscas a su alrededor.

–¡Ahí, Madre, bajo el carro!

–¡Vamos!

Las dos monjas se acercan a lo que parece un bulto de andrajos sucios y, mientras apartan con delicadeza las ropas para descubrir su cara, le hablan pausadamente.

–Hermano, venimos a ayudarte...

–¡Márchense de aquí! ¡Soy un leproso!

–Vamos a curar tus heridas. Necesitas ayuda.

Las úlceras que recubren el cuerpo desprenden un olor nauseabundo. Los transeúntes se apartan al pasar junto a la Madre Teresa que, ante la desagradable

Con pocos elementos como éste se desplazan las religiosas por Calcuta para atender a los enfermos.

tarea, ha indicado a la hermana, sin dudarlo, que se encargará ella misma. Cuando las cosas son especialmente repelentes, siempre es ella quien toma la delantera.

–¿Por qué hace esto, Madre? —pregunta desconcertado el paciente, al ver el extremo cuidado que pone la monja en desinfectar sus heridas, sin mostrar el menor atisbo de miedo al contagio.

–Porque te amo.

–¿A mí? Pero Madre, si usted no sabe quién soy...

–No me importa quien seas. Dios te amó primero.

–No puedo entenderlo. Yo no haría esto ni por todo el oro del mundo.

–Yo tampoco hermano. Lo hago sólo por Jesús —concluye la Madre con una amplia sonrisa.[42]

Una vez terminada la cura, la Madre Teresa y la hermana Inés se disponen a marcharse. Antes advierten al enfermo:

–No dejes que se ensucien los vendajes que te hemos puesto. Volveremos mañana y te los cambiaremos por otros limpios. Además, debes tomar ahora mismo esta pastilla —dice la hermana Inés mientras le entrega una píldora roja—. Tu enfermedad no está muy avanzada, todavía podemos hacer algo si nos ayudas.

–Gracias —balbucea el hombre en un susurro—. Gracias.

---

42. Lush Gjergji, *Mother Theresa* (Editrice Velar, 1990)

Ya lejos, la Madre Teresa comenta:

–¿Has visto, hermana Inés? *Es a Cristo a quien atendemos en los pobres. Las que lavamos son sus llagas, las que limpiamos son sus heridas, es su cuerpo el que vendamos. Hemos de ver más allá de las apariencias, oír las palabras que pronunció Jesús, que siguen siendo operativas: "Lo que hiciereis a uno de estos pequeñuelos a mí me lo hacéis". Cuando servimos a los pobres, servimos a nuestro Señor.*[43]

De las "clínicas móviles"[44], a las que nunca renunciarán las Misioneras de la Caridad, pasarán, de 1954 en adelante, a la creación de centros específicos para la atención de los leprosos en Calcuta y en otras ciudades. El primero de ellos, *Shanti Nagor* (*Torre de la Paz*), está situado en las afueras de Calcuta y acoge a cientos de familias golpeadas por la lepra. Allí, las hermanas los atienden con valentía y cariño hasta que se curan. Ellos pasan el día trabajando en los telares donde elaboran los saris blancos que más tarde usarán como hábitos las hermanas.

Una calurosa mañana del mes de noviembre, entra en *Shanti Nagor* la furgoneta que las hermanas utilizan para hacer rondas nocturnas en busca de las personas más necesitadas. Al volante va

---

43. Edward Le Joly, *La Madre Teresa: "Lo hacemos por Jesús"* (Ediciones Palabra, Madrid, 1987)

44. Morihiro Oki, *Madre Teresa, amor sin límites* (Ediciones Encuentro, 1997)

la hermana Cecilia y viene haciendo señas a las demás.

–¡Rápido! Está muy grave...

–¿Qué ocurre? —pregunta impaciente la Madre Teresa, que se encuentra allí esa mañana.

–Madre, hemos encontrado a una joven tirada en plena calle... Creo que es lepra... Ha perdido el conocimiento... El asfalto caliente se ha adherido a su piel provocándole graves quemaduras... —explica entrecortadamente la hermana Cecilia—. Madre, ¡nadie ha hecho nada por ayudarla!...

–Pasadla a la enfermería, veremos qué se puede hacer.

La Madre Teresa, ayudada por varias hermanas, cura cuidadosamente cada una de las heridas. Con unas pinzas va desprendiendo, poco a poco, los restos de alquitrán de la piel. Cinco horas más tarde dan por concluida la cura. La enferma respira pesadamente.

–Ya hemos terminado, pequeña. Tus heridas son menos graves de lo que parecían en un primer momento. Trata de descansar un poco, ¿podrás? —le susurra la Madre Teresa.

–Me duele mucho, Madre —dice la joven sollozando.

–Yo me quedaré contigo, no tengas miedo.

–¿Conmigo?... Pero... yo no tengo dinero...; no podré pagarle...

–No necesitas dinero para estar aquí, es suficiente con que seas hija de Dios.

Con el tiempo, Shira, que era el nombre de aquella joven, saldrá adelante venciendo a la lepra. Poco a poco, irán cicatrizando también las heridas de su alma y el ejemplo de entrega de las hermanas supondrá para ella una experiencia definitiva que la abrirá para siempre al amor de Dios Padre. Años más tarde, ya convertida al catolicismo, pedirá ser aceptada en la orden de las Misioneras de la Caridad.

19
Calcuta se desborda

Una mañana del mes de enero de 1963, la Madre Teresa está especialmente contenta. Cuando el padre Edward Le Joly llega a la casa central para celebrar misa, la Madre está impaciente por contarle la noticia.

–Padre, me ha escrito el párroco de Mahuadan, diciéndome que tiene una casa para nosotras en Daltonjang. Sueño con el momento en que podamos salir de Calcuta y fundar en otros lugares de la India.

–Estos diez años se nos han hecho muy largos —contesta el clérigo.

–Sí, pero han valido la pena. Ha sido un tiempo necesario para que la congregación afianzara su espíritu. ¡Han sido tantas horas invertidas en la formación de las hermanas...! Sin duda ha valido la pena.

–Ahora, puede usted enviarlas con absoluta tranquilidad a abrir casas a cualquier lugar del mundo —apunta el padre Van Exem.

–Sin duda —contesta rotundamente la Madre Teresa.

–Y respecto a la propuesta que me comentaba, ¿En qué lugares tiene previsto abrirlas? ¿Comenzará por Daltonjang?

–No. Antes iremos a las archidiócesis de Ranchi y Delhi y, si Dios quiere, a la diócesis de Jhansi. Éstas serán las primeras. Estoy esperando que el obispo me dé el permiso.

–No tardará en llegar.

–Eso espero. ¡Nos aguardan en tantos sitios...![45]

Efectivamente, en 1963 comienza la expansión de las Misioneras de la Caridad por la India. Nueva Delhi, como capital del país, va a ser uno de los lugares clave. Allí, la Madre Teresa va a tener la oportunidad de presentar la congregación a importantes altos cargos de la nación. El día de la inauguración del hogar infantil, Nehru, primer ministro de la India, asiste al acto.

–Vamos, antes que nada, a saludar al dueño de la casa —le dice la Madre Teresa mientras le conduce hasta la capilla. Allí, ella se arrodilla y reza unos momentos. Nehru se queda detrás, de pie, y hace un *pranam*, la reverencia hindú, con las manos juntas.

Teresa de Calcuta es una mujer clara y sencilla, que no se deja impresionar por nada ni por nadie, sea cual sea la importancia de su interlocutor. Lo que

---

45. Edward Le Joly, *La Madre Teresa: "Lo hacemos por Jesús"* (Ediciones Palabra, Madrid, 1987)

piensa, lo dice, consiguiendo, además, convertir lo más inusual en algo absolutamente natural. No es extraño, por lo tanto, que se atreva a invitar al primer ministro de la India a saludar a un Dios que ni siquiera coincide con el suyo.

–Ahora podemos salir al patio, donde los niños van a hacernos una representación —continúa—. Los chicos le colocarán una guirnalda en el cuello y le entregarán un ramillete de flores. Todo esto simboliza lo que han rezado por usted y los pequeños sacrificios que han ofrecido a Dios para obtener de Él gracias en favor suyo.

–Entiendo... —contesta Nehru agradecido.

–¿Quiere que le explique en qué consiste nuestra labor? —sugiere la Madre Teresa.

–Por supuesto que no hace falta. Sé en qué consiste. Por eso he venido.[46]

Y de Delhi a Bombay. Éste es también uno de los primeros lugares donde la Madre Teresa envía a trabajar a las hermanas. Se trata de una de las ciudades más importantes del país desde el punto de vista cultural e industrial y, sobre todo, se trata de la urbe con mayor proporción de católicos de la India.

–Hemos de abrir pronto una casa en Bombay. Dios quiere que lo hagamos. De entre sus gentes sacará Dios un buen número de vocaciones para nuestra

---

46. Edward Le Joly, *La Madre Teresa: "Lo hacemos por Jesús"* (Ediciones Palabra, Madrid, 1987)

congregación —comenta un día la Madre Teresa a Edward Le Joly—. Sin embargo...

–Sin embargo, ¿qué?

–Muchos obispos me han invitado ya a abrir casas en sus diócesis, pero el cardenal de Bombay, aunque conoce nuestra labor, no lo ha hecho todavía...

–Madre, no espere a que le llame. El cardenal es un hombre muy ocupado y un alto dignatario de la Iglesia. Ofrézcale sus servicios. Verá como los acepta.

–Bien, lo haré. Sería maravilloso. *En Bombay los pobres viven en peores condiciones incluso que en Calcuta. Aquí, las casas suelen ser de un solo piso y estar bien aireadas. Las calles no están congestiona-*

Casa de la Madre Teresa en Calcuta. Entrada principal y ambulancia.

das y los niños tienen sitio donde jugar. Pero en Bombay, los obreros se hacinan en bloques de viviendas de tres y cuatro pisos, sin apenas ventilación; en muchos no hay agua corriente y los niños no tienen dónde jugar.[47]

Y así fue. El cardenal se mostró muy interesado en que las Misioneras de la Caridad iniciaran su labor en Bombay. Y, en esta ciudad precisamente tendrá lugar uno de los primeros encuentros entre el Papa y la Madre Teresa. Será en 1964, a raíz de la celebración del congreso eucarístico internacional al que asistió Pablo VI. Los últimos días, el Pontífice quiso visitar las obras de caridad que llevaban a cabo algunas instituciones religiosas con los menos favorecidos de la ciudad. Entre ellas estuvieron, como es lógico, las Misioneras de la Caridad. El Papa volvió a Roma conmovido y, en 1967, el Pontífice pidió a la Madre Teresa que abriera la primera de sus casas en la capital italiana.

Y, mientras siguen creciendo las fundaciones en la India, la Madre Teresa comienza a realizar algunos viajes esporádicos al extranjero con el fin de estudiar la posibilidad de extender la congregación a otros países del mundo. Quiere preparar el camino a las hermanas, entrevistarse con los obispos, obtener la colaboración y ayuda de las autoridades y de los fieles. La India ya se ha quedado pequeña.

---

47. Ibíd.

20
De la India al mundo entero

Corre el año 1965. Son las doce de la mañana cuando las hermanas Nirmala, Paulina, Justina, Paula, Rosario y Dolores, son llamadas al cuarto-despacho de la Madre Teresa. Las seis han sido elegidas para llevar a cabo una misión especial.

–Madre, ¿nos ha mandado llamar? —pregunta la hermana Nirmala asomando la cabeza por la puerta entreabierta de la habitación de la Madre Teresa.

–Sí, hermana, pasa. ¿Están contigo las demás?

–Sí, madre.

Allí, la Madre Teresa les comunica una gran noticia:

–El obispo de Venezuela quiere que vayamos allí. ¿No es maravilloso?

–¡Lo es, Madre! —exclaman— Pero ¿dónde? ¿A Caracas?

–No, a una ciudad más pequeña, próxima a Caracas. Será nuestra primera fundación en Iberoamérica. Es un hecho especialmente significativo ya que nos permitirá secundar la petición de su santidad el papa Pablo VI, que nos ha solicitado que nuestra congregación tenga muy en cuenta las necesidades de la Iglesia de América Latina.

–¡Es maravilloso!

–*Vamos donde es más necesaria la presencia de la Iglesia, donde la necesidad espiritual es mayor. En América Latina existe una angustiosa escasez de sacerdotes y de religiosos para atender las necesidades espirituales de las gentes, especialmente de los pobres más pobres.*[48]

–¿Cuándo nos iremos?

–Partiréis vosotras seis mañana mismo. No hay ningún motivo para retrasar más la salida. *Las tres condiciones que exige nuestra congregación para abrir una nueva casa están en orden: trabajaréis entre los más pobres, dispondréis de tiempo suficiente para la oración común y privada y, contaréis con la asistencia espiritual de un sacerdote de sólida doctrina y virtud.*[49]

–Prepararemos inmediatamente nuestras cosas —contesta la hermana Nirmala refiriéndose a todo lo que poseen: tres saris cada una y el crucifijo que se prenden del hábito.[50]

Esta misma escena va a repetirse, a partir de este momento, con gran frecuencia. Serán otras las hermanas y otros los países a los que vayan, pero todas

48. José Luis González-Balado, *La Madre Teresa de Calcuta: Mi vida por los pobres* (Ediciones Temas de Hoy, Madrid, 1992)
49. Ibíd.
50. Morihiro Oki, *Madre Teresa, amor sin límites* (Ediciones Encuentro, 1997)

lo harán con la misma prontitud y disponibilidad. Sus destinos: Roma en 1967; Melbourne y Ammán en 1970; Gaza en 1973; Yemen del Norte en 1974; Etiopía, Tanzania, Filipinas, Nueva Guinea, Gran Bretaña, Bélgica, Holanda, Alemania Federal, Estados Unidos, México, Panamá, Colombia, Perú, Islas Fidji o Papúa, de 1975 a 1980; Berlín Oriental en 1981; por citar sólo algunos.

Especial significado tiene para la Madre Teresa el comienzo de sus actividades en los países occidentales del planeta. Ella misma lo ha comentado en más de una ocasión:

–En mis viajes por todo el mundo, que no se limitan a los países pobres, he tenido ocasión de comprobar que la pobreza de Occidente es mucho más difícil de desarraigar. Cuando recojo una persona con hambre por las calles de Calcuta, le doy un plato de arroz, un trozo de pan. Con ello he saciado y satisfecho ese hambre. Pero cuando una persona se ha visto marginada por la sociedad, esa pobreza es tan hiriente e íntima que resulta muy difícil subsanarla.[51]

Uno de estos países es Italia, donde acude la Madre Teresa a petición de su santidad Pablo VI. Hoy, la congregación ya cuenta con más de una decena de hogares en el país. Con gran alegría se lo hace saber a las hermanas:

---

51. José Luis González-Balado, *Teresa de los Pobres* (Planeta Testimonio, Barcelona, 1997)

–El Papa en persona quiere que abramos una casa en Roma.

–¿Qué haremos allí, madre?

–Hay mucha pobreza en los suburbios; mucha gente que no recibe los sacramentos, muchos niños que no saben rezar; es muy grande la influencia y la propaganda anti-Dios. Trabajaremos a la sombra de San Pedro, muy unidas al santo Padre.[52]

Sobre todo al principio, la Madre Teresa acompaña personalmente a sus hijas a abrir las primeras casas en el extranjero. Quiere supervisarlo todo de forma que las cosas se establezcan bien desde los comienzos. Van a ser años de una inmensa fe por parte de la fundadora ya que, careciendo absolutamente de medios económicos, la orden se va a embarcar en proyectos de gran ambición apostólica. Y, lo más increíble de todo, es que salen adelante. ¿Cuál es su secreto? Las Misioneras de la Caridad tienen una firme confianza en la Providencia divina.

Por ejemplo, en 1977, seis hermanas se disponen a partir hacia el primer país africano. Como en otras ocasiones, han conseguido que los billetes les salgan gratis. Se los ha regalado la propia compañía aérea. El grupo de monjas está ya esperando su turno para facturar el equipaje. Cuando la azafata pesa el cúmulo de paquetes que llevan, mira a la Madre Teresa y le dice:

---

52. Edward Le Joly, *La Madre Teresa: "Lo hacemos por Jesús"* (Ediciones Palabra, Madrid, 1987)

La Madre Teresa en Londres, en 1971.

–Llevan ustedes seiscientos kilos... Sólo está permitido veinte kilos por persona...

–No son más que medicinas, ropa y provisiones para los pobres... —se apresura a explicar la Madre Teresa— Lo necesitamos todo para comenzar nuestra nueva casa.

Luego, busca en su pequeña bolsa de mano y extrae un papel que entrega a la azafata. El papel, firmado por el director de las líneas aéreas, es un pase que dice: "Seis hermanas y su equipaje", sin especificar nada más.

–Estoy dispuesta a trabajar como azafata en este vuelo, si así nos permiten embarcar sin pagar —añade la Madre Teresa.

La azafata, atónita, le dice que no hace falta y factura todo su equipaje, dejándolas pasar.

–Esta es la ventaja de vivir en completa pobreza, dependiendo sólo de Dios —comenta la Madre Teresa agradecida.[53]

El tiempo tampoco va a minar, ni un ápice, la moral de la joven albanesa. En septiembre de 1980, la Madre Teresa, a sus 70 años, acompañada por una hermana, se dispone a abrir la primera casa en un país comunista: Berlín oriental. El plan es que, una vez instalada, la hermana Lucía se quede allí para iniciar la labor. Han solicitado el visado correspon-

---

53. José Luis González-Balado, *Madre Teresa de Calcuta: Mi vida por los pobres* (Ediciones Temas de Hoy, Madrid, 1992)

diente, sin embargo, la autorización no llega. Las dos monjas se ven obligadas a abandonar el país en menos de veinticuatro horas.

–Empecemos a rezar un *Acordaos*[54] a la Virgen —dice la Madre Teresa.

Al cabo de un rato, suena el teléfono. Llaman del consulado:

–Madre, no hay nada que hacer. La hermana Lucía tendrá que volverse con usted.

–Está bien, se lo agradezco, señor, pero las Misioneras de la Caridad nunca aceptamos un "no" por respuesta.

–¿Y qué harán?

–Seguiremos rezando.

Y así lo hacen. Cuando están a punto de acabar el octavo *Acordaos*, vuelve a sonar el teléfono.

–Enhorabuena. Le han concedido el visado. Puede quedarse...

La Virgen ha vuelto a sacarles de un callejón sin salida. La confianza en su ayuda es una costumbre que se remonta a los primeros años de vida de la congregación. La madre empezó a llamarla "su Compañera" a raíz de un suceso. Un día, la Madre pidió al capellán de Berhampur que le regalase una imagen de María Milagrosa con las manos abiertas derramando sus gracias sobre el mundo. El sacerdote aceptó encantado, embaló la imagen y la llevó a la estación.

---

54. Una confiada oración a la Virgen compuesta por san Bernardo de Claraval en el siglo XII.

–Disculpe, padre —le dice el jefe de la estación—, ese paquete es demasiado grande. Tiene usted que pagar la tarifa correspondiente.

La Madre Teresa, que está presenciando la escena, se acerca al jefe de la estación, saca el pase de los ferrocarriles que tiene para "ella y una compañera" y le dice, señalando a la imagen:

–Ésta es mi compañera.

La madre pasó y, desde entonces, la Virgen la acompaña siempre en sus desplazamientos. Nunca viaja sola.[55]

Ni siquiera el miedo a la muerte va a frenar la expansión de las Misioneras de la Caridad. De hecho, la congregación ya cuenta con una larga lista de hermanas mártires, asesinadas en países de profundos sentimientos anticristianos. Todas ellas han entregado su vida con alegría por los más pobres.

---

55. José Luis González-Balado, *Madre Teresa de Calcuta: Mi vida por los pobres* (Ediciones Temas de Hoy, Madrid, 1992)

21
Las hermanas en España

Las Misioneras de la Caridad llegaron a España. Y lo hace la Madre Teresa, el 21 de junio de 1980, acompañada de cuatro hermanas, dos de ellas indias, una inglesa y otra venezolana.

Una de las primeras casas que abren en Madrid es un comedor público que se pone en marcha con la ayuda de dos voluntarios. Éstos se encargan, la víspera, de repartir un papel entre los pobres que van encontrando por las calles de la ciudad. El papel dice:

"Las Misioneras de la Caridad le dan la bienvenida al comedor gratuito situado en la calle Huertas número 73, bajos, donde estarán a su servicio todos los días de la semana de cinco y media a siete de la tarde, salvo los jueves".

–¿Vendrán? —se preguntan los voluntarios que han observado cierta desconfianza en los mendigos que han abordado esa mañana.

–Quizá no sepan quiénes son las Misioneras de la Caridad...

–¡Tengo una idea! Les diremos que se trata de un comedor promovido por las religiosas fundadas por la "monja del premio Nobel de la Paz", la Madre Teresa de Calcuta.[56]

Y la iniciativa funciona. De hecho, todos empiezan a guardar el papelito, en lugar de deshacerse de él. Algunos de ellos llegan con él en la mano al día siguiente.

El primer día, más de treinta mendigos acuden al comedor. Pero pronto las plazas resultan insuficientes, hasta el punto de tener que trasladarse a otro lugar más amplio en la calle Doctor Cortezo, 4.

Un frío día de otoño, la Madre Teresa acude a visitar a sus hijas de España. Como siempre, se remanga y se pone a trabajar en la cocina-comedor, ayudando a sus hijas a cumplir con las labores: cocinar, servir la comida, fregar cacharros... y, cuando los pobres se disponen a abandonar el local, la madre pregunta:

–Y ahora, ¿dónde van a dormir todos estos pobres?

–Pues, Madre... Algunos van a un albergue municipal. Los que disponen de una pequeña cantidad de dinero van a alguna pensión barata. Pero algunos duermen en alguna boca de metro, en edificios en ruinas o en los pasos subterráneos entre calles más o menos céntricas —le explica una de las hermanas.

56. José Luis González-Balado, *Madre Teresa de Calcuta: Mi vida por los pobres* (Ediciones Temas de Hoy, Madrid, 1992)

–Pero, eso no lo podemos tolerar. ¡Cómo podemos permitir que Jesús siga sin tener alojamiento, como en Belén!

–Estamos haciendo algunas gestiones para encontrar una solución, pero estamos teniendo muchas dificultades.

–Debemos acelerar lo más posible esas gestiones...

Al día siguiente, cuando se dirige hacia el arzobispado para una entrevista, descubre un edificio desocupado en la calle Méndez Álvaro.

–¡Ese edificio es el que necesitamos! Vamos a acercarnos.

Una vez allí se enteran de que el edificio pertenece a un grupo de empresas. Decide ir a hablar con los propietarios.

–Madre Teresa, sentimos decirle que ese edificio se encuentra situado en una zona industrial y no podemos donárselo. En su lugar, podemos ofrecerle un terreno, pero necesitará el permiso de edificación que concede el ayuntamiento...

Ella no se desanima y pide una entrevista al alcalde, Enrique Tierno Galván, que hace lo imposible para hacer un hueco en su apretada agenda. Cuando la Madre Teresa le da a conocer su propósito, acepta sin titubeos.

–Tiene usted el permiso del ayuntamiento.[57]

---

57. José Luis González-Balado, *Madre Teresa de los Pobres* (Planeta Testimonio, Barcelona, 1997)

El local es inaugurado el 31 de julio de 1986. La reina Sofía asiste al acto de apertura. Más tarde se abrirán también casas en Cataluña, en concreto, en Sabadell y en Barcelona.

En España, como en muchos otros lugares, la Madre Teresa siempre ha recordado a las personas que quieren ayudarla que su compromiso debe ir más allá del hecho de dar dinero:

–Espero que no me estén dando lo que les sobra —dijo en una ocasión a un grupo de hombres de negocios que le ofrecían una bolsa llena de dinero al final de una cena suculenta—. *Deben darme algo que les cueste, que suponga un sacrificio, que lo echen en falta, de tal forma que su donativo tenga algún valor a los ojos de Dios; así serán verdaderos hermanos de los pobres, que se ven privados incluso de lo indispensable.*[58]

---

58. Edward Le Joly, *La Madre Teresa:"Lo hacemos por Jesús"* (Ediciones Palabra, Madrid, 1987)

22
Los voluntarios de la Madre Teresa

La labor realizada por la Madre Teresa en todo el mundo va siendo cada día más y mejor conocida por personas de todo tipo. También Calcuta, ciudad olvidada por las compañías aéreas tras la independencia de la India del dominio británico, pasa a convertirse en un punto obligado de paso para cualquier persona que viaje hasta este país. La "culpa" la tiene la pequeña monja albanesa del sari blanco, la "diosa de la India", como la llaman algunos.

Por supuesto, la casa de las Misioneras de la Caridad, situada en un estrecho y oscuro callejón de la urbe bengalí, se convierte cada mañana en un animado hervidero de jóvenes trotamundos, profesionales en activo, estudiantes, parejas de recién casados... cientos de personas del mundo entero, deseosos de echar una mano a las hermanas en sus trabajos. Algunos de estos voluntarios tienen claro que pasarán allí el año; otros, los pintorescos mochileros, aterrizan en Calcuta casi sin proponérselo y terminan quedándose varios meses. Madre Teresa los recibe a todos con los brazos abiertos.

–Os lo agradezco —suele decirles la Madre Teresa—, pero no olvidéis que quienes realmente tenéis que estar agradecidos sois vosotros, y a Dios que es quien os ha brindado esta oportunidad de servirle en los enfermos. Aprenderéis mucho más de ellos de lo que pensáis. Descubrid a Cristo en su dolor. —Y añade, mostrándoles la mano extendida— Lo primero que debéis aprender es qué son los *cinco dedos*. Significan cinco palabras. Son cinco palabras dichas por Jesús a sus discípulos: "Me lo hicisteis a mí",[59] es decir, cada vez que hagáis esto a uno de mis pequeños es como si me lo hubierais hecho a mí mismo. No lo olvidéis.

Las tareas comienzan a las 8 de la mañana en todos los hogares de las Misioneras de la Caridad. Cada día, los voluntarios se sumergen en una concienzuda labor de desinfección. Suelos, paredes, camas, colchones... y limpiezas extraordinarias tres días a la semana. Los medios que emplean para estas tareas son siempre muy sencillos, es el estilo de las Misioneras de la Caridad: escobas que fabrican ellos mismos para empujar el agua que encharca los suelos hasta el desagüe, inmensas pilas de piedra en las que vierten el agua hirviendo para lavar la ropa, etc. Además, el aseo de los enfermos y el reparto de las

---

59. *Santos Evangelios*. Mt 25, 40.

Interior de la casa de la Madre Teresa en Calcuta, con niños.

comidas. Un trabajo de gran desgaste físico que las hermanas suelen premiar con un pequeño parón y unas galletas a media mañana.

Para muchos, el primer día es una experiencia dura y difícil de superar. Se dirigen hasta el hogar de las Misioneras de la Caridad a través los barrios más pobres, donde la ciudad se tiñe de gris y de miseria. Una vez allí, la entrada es siempre un torbellino de niños desarrapados y sucios que se cuelgan de sus brazos gritando, una escena poco común para la mayoría. Y, cuando por fin están dentro, la tarea que les espera no es sencilla.

–Vamos —indica una de las hermanas a un grupo de chicos y chicas venidos de España—, ayudadme. Entre todos trasladaremos a esta mujer hasta su cama.

Las pocas sillas de ruedas con las que cuentan hace tiempo que dejaron de funcionar, y es necesario mover a los inválidos a hombros. Lo más duro es que inválidos son casi todos, porque la mayoría, debido a su escasa alimentación, llegan al hogar de las hermanas desnutridos y sin fuerzas.

La mujer deja hacer a los voluntarios, que ya han adquirido mucha soltura en el transporte de enfermos. Cuando, por fin, la depositan sobre el colchón, la anciana toma las manos de uno de los chicos y comienza a besarlas en señal de agradecimiento, mientras murmura débilmente unas palabras.

–Te está ofreciendo su vaso de leche —explica la hermana Genoveva a Raúl—. Es una muestra de su gratitud.

–No puedo aceptarlo... —contesta Raúl— ¡Cómo voy a quitarle el único alimento que tomará esta mañana...! Hermana, por favor, trate de explicárselo.

–No te preocupes. Yo se lo diré.

Trabajar junto a los enfermos produce un fuerte impacto sobre los voluntarios. De hecho, es imposible eludir el comentario de muchos de ellos al final de la jornada: "hoy ha sido el día más feliz de mi vida". Quizá una de las principales enseñanzas que descubren detrás de la mirada oscura de las hermanas es esa actitud de enfrentarse al sufrimiento de una manera diferente a la del resto de la gente. Como ha repetido hasta la saciedad la Madre Teresa, el agonizante cubierto de gusanos entre los escombros de Calcuta es Cristo; el niño leproso es Cristo; el enfermo de sida proscrito por la familia es Cristo; el joven que agoniza en una acera de Nueva York con una sobredosis de droga es Cristo... Y, efectivamente, muchos de los voluntarios que acuden a las casas de las Misioneras de la Caridad en todo el mundo, pensando que con ello hacen un acto de generosidad y desprendimiento, acaban descubriendo que más bien son los enfermos y los pobres los que les han aportado algo a ellos.

Quizá por eso, Calcuta, la ciudad de la miseria, si uno la experimenta junto a la Madre Teresa, se convierte en un conjunto de hechos minúsculos pero imborrables. Una anciana que regala a su compañera el único plato de arroz que comerá en el día, los abrazos interminables de los niños de *Shishú Bhavan*, las veladas junto a otros voluntarios a la luz de la luna y al amparo de los mosquitos, la actitud de aquel hombre que soportaba unas curas espeluznantes sin emitir el más leve gemido... y, por encima de todo, un recuerdo que se encuentra muy lejos de la tristeza o de la compasión. Calcuta, junto a las Misioneras de la Caridad, es, a pesar del hambre, de las epidemias, de las sequías, de la muerte, la ciudad de la alegría.

23
El Nobel de la Paz

El tiempo ha corrido deprisa a lo largo de los últimos años. La congregación crece a pasos agigantados y experimenta un especial impulso tras la concesión del premio Nobel de la Paz a la Madre Teresa en 1979. Es una noticia que llega inesperada, pero que servirá para dar a conocer la orden en todo el mundo. Muchas jóvenes descubren así un camino de santidad que responde a sus inquietudes más íntimas.

La Madre Teresa se encuentra en Nirmal Hriday aquella mañana. Con la ayuda de la hermana Isabel está atendiendo a un hombre que acaban de ingresar con el cuerpo abrasado por el fuego. Al parecer, durante la noche, sus ropas se prendieron con una hoguera que ardía cerca de él mientras dormía. Suena el teléfono a lo lejos. La hermana Inés corre a cogerlo.

–¿Dígame?...

–Por favor, querría hablar con la Madre Teresa. Es urgente. La llamo de parte del presidente del gobierno, de Nueva Delhi. ¿Podría ponerme al habla con ella?

–Un momento, por favor.

La hermana Inés se acerca a la Madre Teresa y le indica que debe ponerse al teléfono:

–Llaman del Gobierno de Delhi. Dicen que es urgente.

Con un gesto de contrariedad, la Madre Teresa abandona al enfermo y corre hacia el despacho donde espera la llamada.

–¿Dígame?

–Por favor, ¿La Madre Teresa?

–Soy yo. La Madre Teresa soy yo. Dígame...

–¡Enhorabuena! Le ha sido concedido el Nobel de la Paz.

La Madre Teresa no sabe qué contestar, pero interiormente se dice:

–*Todo sea por la gloria de Dios.*[60]

Cuando, esa mañana, vuelve a casa, se encuentra la entrada llena de periodistas y fotógrafos.

–¿Qué hacen ustedes aquí? —les pregunta.

–Madre, hemos venido a cubrir la noticia del día. El Gobierno noruego ha hecho pública su concesión del Nobel de la Paz. ¡Enhorabuena, Madre!

A la Madre Teresa la idea de ser el centro de la atención no le gusta en absoluto y, en un primer momento, se niega a acudir a recibir el premio a Oslo. Así se lo hace saber al arzobispo competente.

---

60. Edward Le Joly, *La Madre Teresa: "Lo hacemos por Jesús"* (Ediciones Palabra, Madrid, 1987)

–Supongo que no querrá que vaya a Oslo...

–Sí, Madre, vaya —le responde éste, seguro de que la trascendencia del acto será un impulso para toda la Iglesia.

Y la Madre Teresa acepta la sugerencia, pero deja bien claro que acudirá en representación de los pobres y que, en lugar de la cena de gala, el dinero que se hubiera empleado en este banquete se destinará al sostenimiento y a las necesidades de los pobres en todo el mundo.

Son tiempos en los que la popularidad de la Madre Teresa va a crecer a pasos agigantados. Cada día llegan reconocimientos a su labor de todas partes del planeta. La lista de galardones se multiplica. Por supuesto, todo esto lleva consigo el interés de los medios de comunicación por hablar con la Madre Teresa, por fotografiarla. A ella le desagrada en gran manera la situación, hasta el punto de hacerle exclamar:

–Si voy al cielo ha de ser a cuenta de todo lo que tengo que soportar a causa de mi popularidad. Os aseguro que odio todo esto.

–Pero, Madre, piense en la cantidad de personas que se sentirán movidas por su ejemplo —le encarece la hermana Inés.

–Otros hacen un trabajo parecido al nuestro. Acaso hasta lo realizan mejor. ¿Por qué, pues, fijarse tanto en nosotras? Os aseguro que si acepto acudir a los diferentes actos públicos es porque en ellos se me brinda la oportunidad de hablar de Jesús a gentes

que, de lo contrario, apenas si tendrían la posibilidad de oír hablar de Él.[61]

Con este espíritu acude a Oslo a recoger el Nobel. Le acompañan la hermana Inés y la hermana Gertrudis que, por ser las dos primeras vocaciones de la Orden, merecen estar también allí, en representación del resto. La madre invita a toda la asamblea a rezar y, después, expone el discurso, centrado en sus temas predilectos: el amor y el respeto a la vida.

En su regreso, pasa por Roma para entrevistarse con Juan Pablo II quien, nada más verla, afirma:

–Hable siempre así, Madre Teresa.[62]

Y va a tener que acostumbrarse porque, poco a poco, sus intervenciones en actos públicos van a ir en aumento, muy a pesar de ella.

–Cada vez me piden con más frecuencia que hable en público —comenta un día con las hermanas—. Preferiría no tener que hacerlo, pero no puedo negarme...

–¿Cómo se las arregla para no alterarse? —le preguntan.

–Bueno, cierro los ojos y trazo una cruz sobre mis labios. Luego hablo, dejándome llevar por la inspiración del momento.[63]

---

61. José Luis González-Balado, *Madre Teresa de Calcuta: Mi vida por los pobres* (Ediciones Temas de Hoy, Madrid, 1992)
62. Edward Le Joly, *La Madre Teresa: "Lo hacemos por Jesús"* (Ediciones Palabra, Madrid, 1987)
63. Ibíd.

En Oslo, la Madre Teresa recoge en 1979 el premio Nobel de la Paz.

–¿No mira al auditorio?

–No. Miro al frente, por encima de las cabezas, y expreso mi mensaje... Recuerdo las palabras de Cristo: "Cuando os lleven ante los jueces o los magistrados, no os preocupéis por lo que habéis de decir..."[64]

64. Ibíd.

24
Llega el fin

El trabajo intenso y los años van a acabar minando la débil salud de la Madre. A las diversas malarias que ha sufrido a lo largo de su vida se unen por primera vez los achaques del corazón. Al principio la Madre Teresa sigue su vida normal, haciendo caso omiso de los consejos médicos. Pero los continuos viajes, una alimentación precaria y la falta de descanso son las causas de que el final se precipite irremediablemente.

Una mañana de 1983, la Madre Teresa está trabajando en su habitación. Una gran cantidad de correspondencia atrasada cubre su mesa de trabajo. Son cartas de todo el mundo. Las escriben colaboradores de la orden, hermanas que trabajan en otros continentes. De repente, se siente mareada. La Madre sale al pasillo y llama a la hermana Federica. Unos segundos después, pierde el conocimiento y cae al suelo.

La Madre Teresa es ingresada en la clínica Woodlands de Calcuta donde se le diagnostica un brote de malaria. Todo parece reducirse a eso hasta que, unos meses más tarde, cuando la Madre se encuentra visitando a sus hijas en Roma, vuelve a caer gravemente enferma. Siente un profundo dolor en uno de los costados.

A su regreso a Calcuta, la Madre vuelve a ingresar en la clínica. Tras hacer un chequeo a fondo del estado de su salud, los médicos descubren que sufre un inicio de obturación de las arterias. La arteriosclerosis es una grave enfermedad que, en cuestión de horas, puede acabar con la vida de una persona al impedir que la sangre llegue libremente al corazón. Se hace necesaria una intervención quirúrgica para mejorar su estado.

Cuando se lo dicen, se niega radicalmente:

–Tengo demasiado trabajo para preocuparme ahora por eso. China nos espera. Somos la única orden con esperanzas de entrar en ese país. No puedo perder el tiempo.

Al salir del hospital, los medios de comunicación la están esperando en la puerta. Estallan los *flashes* y todos la acosan a preguntas. Uno de ellos se atreve a decir:

–¿Qué será de las Misioneras de la Caridad después de la Madre Teresa? ¿Quién se encargará de dirigir la congregación?

–Eso no me preocupa —contesta ella—. *Dios encontrará una persona más humilde, más fiel, más cumplidora, más obediente a Él; una persona más sencilla, y con una fe más profunda, por medio de la*

cual realizará Dios cosas mayores, que ayudarán a que la congregación haga más bien.[65]

–¿No le preocupa el futuro? —añade otro.

–En nuestras constituciones hay un enunciado que dice: "Dejemos que Dios planee nuestro futuro, porque el ayer ya ha pasado, el mañana no ha llegado aún y sólo tenemos el hoy para hacerlo conocer, amar y servir. Por eso, todo lo intentaremos sin desconfianza, pues para Dios todo es posible". Es decir, que no debemos jamás preocuparnos por el futuro. No tenemos razón para hacerlo: Dios está allí.[66]

–Madre, ¿tiene miedo a la muerte?

–Morir es volver a casa, con Dios. De allí venimos y allí vamos. No sólo no tengo miedo, sino que aguardo la muerte con esperanza.

Y ésta va a ser su actitud hasta que su cuerpo comience a no responder a los imperativos de su incansable espíritu. De hecho, el 22 de noviembre de 1996, los periódicos titulan de forma alarmista la noticia sobre el estado de salud de la Madre Teresa. Durante los meses siguientes van a alternarse los ingresos en la clínica con momentos de recuperación. Cada vez que la Madre atraviesa la puerta de la clínica Woodlands para ser internada, pide a los médicos:

–Déjenme terminar como los pobres. Si ellos no pueden permitirse el lujo de recibir el tratamiento y

---

65. José Luis González-Balado, *Madre Teresa de Calcuta: Mi vida por los pobres* (Ediciones Temas de Hoy, Madrid, 1992)
66. Ibíd.

el cuidado que yo recibo, no hay razones para que yo lo tenga.[67]

–No podemos permitirlo, Madre, compréndalo.

En el mes de diciembre, cercana ya la Navidad, la urgencia por regresar a casa se intensifica en la enferma.

–Bueno —exclama al encontrarse mejor—, *ustedes ya han hecho su trabajo. Ahora me pueden quitar todos estos aparatos que llevo encima y que me hacen parecer un árbol de Navidad, y dejarme regresar con mis hermanas.*[68]

Efectivamente, la Madre Teresa va a pasar las Navidades en casa pero enseguida vuelven los achaques.

–Este año ha sido un regalo de Dios para mí —dice a sus hijas— *y estoy feliz por haber podido ofrecer algo a Jesús. Debemos aceptar todo lo que Él quiera de nosotros con una sonrisa. ¡Tanta gente ha rezado por mí! Niños pequeños y bisabuelas, humildes trabajadores y jefes de Estado, gentes de todas las religiones y nacionalidades. Recemos siempre a Dios con gran confianza. Él nos ama y sabe lo que es mejor para nosotros. No sé por qué ha pasado esto en este año, pero estoy segura de algo: Jesús nunca se equivoca.*[69]

Pero antes de morir, la Madre Teresa todavía va a

---

67. José Luis González-Balado, *Madre Teresa de los pobres* (Planeta Testimonio, Barcelona, 1997)
68. Ibíd.
69. Ibíd.

tener tiempo de rematar algunos asuntos importantes. De hecho, el 13 de marzo de 1997 se difunde la noticia de que la Madre Teresa ya tiene oficialmente sucesora: la hermana Nirmala. Así es, se trata de una de las hermanas que comenzaron la actividad de la congregación en Venezuela. También, en 1976, había sido elegida para la creación de las Misioneras de la Caridad contemplativas, como una rama específica dentro de la congregación.

Se acerca el final. Va a ser el 5 de septiembre de 1997 a las seis y media de la tarde. La persona que estuvo más cerca de la Madre Teresa en ese momento fue la hermana Gertrudis, que la estaba asistiendo junto con otras hermanas. Reina el silencio en la habitación en la que descansa la Madre. Junto a ella, oculta casi por la penumbra, está la hermana Gertrudis observándola permanentemente. Ningún movimiento de la enferma puede pasarle desapercibido.

La hermana Gertrudis se percata de lo delgada que está la Madre. Respira con dificultad; sin embargo, parece dormida. Pasan los minutos y la cuidadora observa que la respiración de la madre se va haciendo más pesada y acelerada. Se incorpora para observar desde más cerca si la Madre necesita ayuda.

De repente, la Madre exclama:

–¡No puedo respirar!

La hermana Gertrudis intentó rápidamente ponerle oxígeno pero no pudo hacerlo. El incidente coincidió con un corte de corriente eléctrica en toda la ciudad. Nadie pudo evitar que el fallo de respiración le produjera un paro cardiaco. Había llegado el final cuando la Madre dijo casi en un susurro:

–¡Jesús! ¡Jesús!

La noticia corre como la pólvora. En cuestión de minutos, el mundo se entera de que la Madre Teresa ha muerto y comienzan a llegar los telegramas de condolencia de todas partes. Ricos y pobres, mayores y pequeños, sanos y enfermos quieren dar su último adiós a la Madre Teresa. Para facilitar que todo el mundo pueda acudir a velar a la "santa", se instala la capilla ardiente en una iglesia cercana a la casa central. Durante dos días, pasan por allí miles de personas.

El último día, el Gobierno de la India solicita a la orden el permiso para honrar a su fundadora con honores de jefe de Estado. No hay alternativa y así se hace. Entre salvas de cañones y cortejo de *gurkas*,[70] la Madre Teresa recorrió por última vez, ya sin vida, las calles de la ciudad que llevó siempre en su corazón: Calcuta.

Para muchos, la pompa con que se agasajó a la monja de los pobres y los discursos de representantes de todas las religiones de la India, fue una opción que nunca hubiera permitido ella. Es verdad. Teresa de Calcuta hubiera preferido un entierro en la intimidad, sin más compañía que la de sus hijas y la de los parias de la tierra, a los que, efectivamente, las auto-

70. Soldados nepalíes.

ridades no permitieron asistir al cortejo fúnebre. Pero, a la vez, muchos se han preguntado: ¿no es cierto que hace tiempo que esta mujer se había convertido en un símbolo para toda la humanidad?

Definitivamente, la Madre Teresa no ha sido sólo madre de los pobres, entendiendo la pobreza únicamente desde el punto de vista de la miseria material. De ellos sí, por supuesto, pero ¿y qué pasa entonces con los que viven en otro tipo de pobreza? ¿Acaso no nos ha hecho sentir esta mujer, con más fuerza que nunca, esa mezquindad que escondemos todos los hombres en el rincón más oscuro de nosotros mismos? Junto a la Madre Teresa es imposible no sentirse miserable y, a la vez, acogido por un nuevo género de ternura. Por eso, ojalá, lector, lectora, tú también te hayas sentido pobre al leer estas páginas. Ojalá seas capaz ahora de aportar tu granito de arena en la construcción de un mundo más justo.

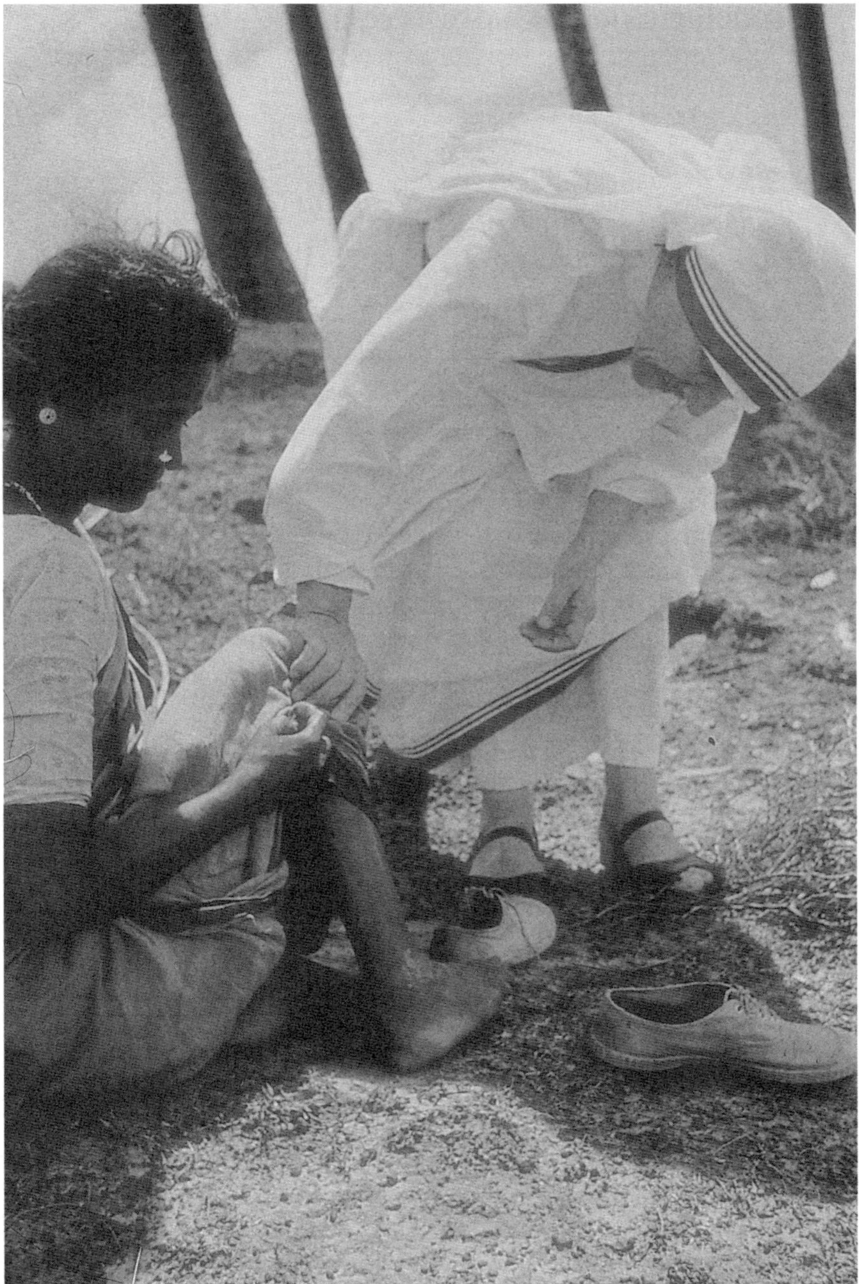

Cronología de la Madre Teresa de Calcuta

1910: El 26 de agosto, nace Agnes Boyaxhiu en Skopje (Albania). Es bautizada al día siguiente.

1918-1920: Realiza sus estudios primarios y entra a formar parte del coro de la iglesia parroquial.

1920: Inicia sus estudios secundarios en Croacia, en una escuela estatal.

1928: El 26 de septiembre abandona su hogar para marcharse a Irlanda, donde ingresa como novicia en la congregación de Loreto. El 29 de noviembre del mismo año parte para la India.

1929: El 6 de enero llega a Calcuta. Enseguida se traslada al noviciado que las monjas de Loreto tienen en Darjeeling, al pie del Himalaya.

1931: Profesa como religiosa. Es destinada al colegio St. Mary's, en Entally, cerca de Calcuta, donde comienza a trabajar como profesora.

1946: El 10 de septiembre, viajando hacia Darjeeling, recibe una inspiración especial de Dios, una llamada a dejar el convento y entregar su vida a la atención de los más pobres de entre los pobres.

1948: Teresa solicita la exclaustración a Roma y le es concedida. En el mes de agosto, abandona el convento de Loreto y se traslada a Patna, donde realizará un curso de enfermería junto a las Hermanas Misioneras Médicas. Después de dos meses, regresa a Calcuta y empieza a trabajar en los suburbios de la ciudad.

1949: En febrero, se traslada a vivir a la casa de Michael Gomes. El 19 de marzo, se incorpora la primera vocación. La Madre Teresa empieza a redactar las constituciones de las Misioneras de la Caridad.

1950: Siguen llegando postulantes. El 7 de octubre, la Santa Sede aprueba la nueva congregación.

1952: Inauguración del primer hogar para moribundos, Nirmal Hriday, y del primer hogar infantil, Shishú Bhavan, en Calcuta.

1953: Las Misioneras de la Caridad se trasladan a vivir al número 54 A de Lower Circular Road donde, actualmente, sigue estando la casa central.

1954: Se abre la primera casa para leprosos: Torre de Paz.

1963: Inicio de la expansión de la congregación a diversas ciudades de la India.

1965: Primera fundación de la congregación en Iberoamérica: Venezuela. Se trata del comienzo de una gran expansión por todo el mundo.

1979: La Madre Teresa recibe el premio Nobel de la Paz.

1997: El 5 de septiembre, la Madre Teresa fallece en la casa central de Calcuta.

ÍNDICE

Pág.

Prólogo 5

1. En un rincón de Albania 8
2. La familia Boyaxhiu 10
3. La muerte de Nikollë 17
4. Lectora empedernida 22
5. Quiero ser misionera 26
6. Rumbo a Irlanda 34
7. La novicia eslava 40
8. La India, por fin 45
9. Maestra ejemplar 50
10. Un viaje especial 56
11. En la calle con cinco rupias 60
12. Aprendiz de enfermera 68
13. Una escuela debajo de un almendro 72
14. Uno más tres son cuatro 79
15. El hogar del moribundo 84

16. Ya no caben en casa 91
17. Dadme los niños a mí 100
18. Sin miedo a la lepra 109
19. Calcuta se desborda 116
20. De la India al mundo entero 121
21. Las hermanas en España 129
22. Los voluntarios de la Madre Teresa 133
23. El Nobel de la Paz 139
24. Llega el fin 145
Cronología 154

Colección biografía joven

1. **Pasión por la verdad** (San Agustín)
   Autor: Miguel Ángel Cárceles. Ilustrador: J. Gual
2. **El joven que llegó a Papa** (Juan Pablo II)
   Autor: Miguel Álvarez
3. **El primer blanco en el Oeste** (Cabeza de Vaca)
   Autor: Miguel Álvarez
4. **La madre de los más pobres** (Teresa de Calcuta)
   Autora: María Fernández de Córdova
5. **La descubridora del radio** (María Curie)
   Autora: Mercedes Gordon
6. **Un genio de la pintura** (Velázquez)
   Autora: Mercedes Gordon
7. **Camino de Auschwitz** (Edith Stein)
   Autora: María Mercedes Álvarez
8. **La formación de un imperio** (Carlos V)
   Autor: Godofredo Garabito
9. **Los pastorcillos de Fátima** (Lucía, Francisco y Jacinta)
   Autor: Miguel Álvarez
10. **Un arquitecto genial** (Antoni Gaudí)
    Autor: Josep Maria Tarragona
11. **Un corazón libre** (Martin Luther King)
    Autor: José Luis Roig y Carlota Coronado

12. **Una vida para la música** (Johann Sebastian Bach)
Autora: Conchita García Moyano

13. **El hijo del Trueno** (San Juan de Betsaida)
Autor: Miguel Ángel Cárceles

14. **Siempre madre** (Santa Juana de Lestonnac)
Autora: M.ª Teresa Rados, O. N. S.

15. **El mago de las palabras** (J. R. R. Tolkien)
Autor: Eduardo Segura

16. **La aventura de ser santo** (San Josemaría Escrivá de Balaguer)
Autor: Miguel Ángel Cárceles

17. **Canciller de Inglaterra** (Sir Tomás Moro)
Autor: Francisco Troya

18. **La luz en los dedos** (Luis Braille)
Autor: Miguel Álvarez

19. **Una pequeña revolución** (Santa María Rosa Molas)
Autora: M.ª Teresa Rosillo

20. **Por tierras y mares «de esperar en Dios»** (San Francisco Javier)
Autor: Máximo Pérez Rodríguez, S. J.

21. **Una historia de lucha y amor** (Santa Teresa de Jesús)
Autora: Amparo Boquera

22. **El ingenioso hidalgo** (Miguel de Cervantes)
Autor: Francisco Troya

23. **Encuentros con el amor** (Bernadette Soubirous)
Autora: María Mercedes Álvarez